AZERI
WOORDENSCHAT

THEMATISCHE WOORDENLIJST

NEDERLANDS AZERBEIDZJAANS

De meest bruikbare woorden
Om uw woordenschat uit te breiden en
uw taalvaardigheid aan te scherpen

5000 woorden

Thematische woordenschat Nederlands-Azerbeidzjaans - 5000 woorden
Door Andrey Taranov

Woordenlijsten van T&P Books zijn bedoeld om u woorden van een vreemde taal te helpen leren, onthouden, en bestudering. Dit woordenboek is ingedeeld in thema's en behandelt alle belangrijk terreinen van het dagelijkse leven, bedrijven, wetenschap, cultuur, etc.

Het proces van het leren van woorden met behulp van de op thema's gebaseerde aanpak van T&P Books biedt u de volgende voordelen:

- Correct gegroepeerde informatie is bepalend voor succes bij opeenvolgende stadia van het leren van woorden
- De beschikbaarheid van woorden die van dezelfde stam zijn maakt het mogelijk om woordgroepen te onthouden (in plaats van losse woorden)
- Kleine groepen van woorden faciliteren het proces van het aanmaken van associatieve verbindingen, die nodig zijn bij het consolideren van de woordenschat
- Het niveau van talenkennis kan worden ingeschat door het aantal geleerde woorden

Copyright © 2017 T&P Books Publishing

Alle rechten voorbehouden. Niets uit deze uitgave mag worden verveelvoudigd, opgeslagen in een geautomatiseerd gegevensbestand en/of openbaar gemaakt in enige vorm of op enige wijze, hetzij elektronisch, mechanisch, door fotokopieën, opnamen of op enige andere manier zonder voorafgaande schriftelijke toestemming van de uitgever. U mag dit boek niet verspreiden in welk formaat dan ook.

T&P Books Publishing
www.tpbooks.com

ISBN: 978-1-78492-333-4

Dit boek is ook beschikbaar in e-boek formaat.
Gelieve www.tpbooks.com te bezoeken of de belangrijkste online boekwinkels.

AZERBEIDZJAANSE WOORDENSCHAT
nieuwe woorden leren

T&P Books woordenlijsten zijn bedoeld om u te helpen vreemde woorden te leren, te onthouden, en te bestuderen. De woordenschat bevat meer dan 5000 veel gebruikte woorden die thematisch geordend zijn.

- De woordenlijst bevat de meest gebruikte woorden
- Aanbevolen als aanvulling bij welke taalcursus dan ook
- Voldoet aan de behoeften van de beginnende en gevorderde student in vreemde talen
- Geschikt voor dagelijks gebruik, bestudering en zelftestactiviteiten
- Maakt het mogelijk om uw woordenschat te evalueren

Bijzondere kenmerken van de woordenschat

- De woorden zijn gerangschikt naar hun betekenis, niet volgens alfabet
- De woorden worden weergegeven in drie kolommen om bestudering en zelftesten te vergemakkelijken
- Woorden in groepen worden verdeeld in kleine blokken om het leerproces te vergemakkelijken
- De woordenschat biedt een handige en eenvoudige beschrijving van elk buitenlands woord

De woordenschat bevat 155 onderwerpen zoals:

Basisconcepten, getallen, kleuren, maanden, seizoenen, meeteenheden, kleding en accessoires, eten & voeding, restaurant, familieleden, verwanten, karakter, gevoelens, emoties, ziekten, stad, dorp, bezienswaardigheden, winkelen, geld, huis, thuis, kantoor, werken op kantoor, import & export, marketing, werk zoeken, sport, onderwijs, computer, internet, gereedschap, natuur, landen, nationaliteiten en meer ...

INHOUDSOPGAVE

Uitspraakgids	9
Afkortingen	10

BASISBEGRIPPEN	11
Basisbegrippen Deel 1	11

1.	Voornaamwoorden	11
2.	Begroetingen. Begroetingen. Afscheid	11
3.	Hoe aan te spreken	12
4.	Kardinale getallen. Deel 1	12
5.	Kardinale getallen. Deel 2	13
6.	Ordinale getallen	14
7.	Getallen. Breuken	14
8.	Getallen. Eenvoudige berekeningen	14
9.	Getallen. Diversen	14
10.	De belangrijkste werkwoorden. Deel 1	15
11.	De belangrijkste werkwoorden. Deel 2	16
12.	De belangrijkste werkwoorden. Deel 3	17
13.	De belangrijkste werkwoorden. Deel 4	18
14.	Kleuren	19
15.	Vragen	19
16.	Voorzetsels	20
17.	Functiewoorden. Bijwoorden. Deel 1	20
18.	Functiewoorden. Bijwoorden. Deel 2	22

Basisbegrippen Deel 2	24

19.	Dagen van de week	24
20.	Uren. Dag en nacht	24
21.	Maanden. Seizoenen	25
22.	Meeteenheden	27
23.	Containers	28

MENS	29
Mens. Het lichaam	29

24.	Hoofd	29
25.	Menselijk lichaam	30

Kleding en accessoires	31

26.	Bovenkleding. Jassen	31
27.	Heren & dames kleding	31

28. Kleding. Ondergoed	32
29. Hoofddeksels	32
30. Schoeisel	32
31. Persoonlijke accessoires	33
32. Kleding. Diversen	33
33. Persoonlijke verzorging. Schoonheidsmiddelen	34
34. Horloges. Klokken	35

Voedsel. Voeding 36

35. Voedsel	36
36. Drankjes	37
37. Groenten	38
38. Vruchten. Noten	39
39. Brood. Snoep	40
40. Bereide gerechten	40
41. Kruiden	41
42. Maaltijden	42
43. Tafelschikking	42
44. Restaurant	43

Familie, verwanten en vrienden 44

45. Persoonlijke informatie. Formulieren	44
46. Familieleden. Verwanten	44

Geneeskunde 46

47. Ziekten	46
48. Symptomen. Behandelingen. Deel 1	47
49. Symptomen. Behandelingen. Deel 2	48
50. Symptomen. Behandelingen. Deel 3	49
51. Artsen	50
52. Geneeskunde. Medicijnen. Accessoires	50

HET MENSELIJKE LEEFGEBIED 51
Stad 51

53. Stad. Het leven in de stad	51
54. Stedelijke instellingen	52
55. Borden	53
56. Stedelijk vervoer	54
57. Bezienswaardigheden	55
58. Winkelen	56
59. Geld	57
60. Post. Postkantoor	58

Woning. Huis. Thuis 59

61. Huis. Elektriciteit	59

62.	Villa. Herenhuis	59
63.	Appartement	59
64.	Meubels. Interieur	60
65.	Beddengoed	61
66.	Keuken	61
67.	Badkamer	62
68.	Huishoudelijke apparaten	63

MENSELIJKE ACTIVITEITEN 64
Baan. Business. Deel 1 64

69.	Kantoor. Op kantoor werken	64
70.	Bedrijfsprocessen. Deel 1	65
71.	Bedrijfsprocessen. Deel 2	66
72.	Productie. Werken	67
73.	Contract. Overeenstemming	68
74.	Import & Export	69
75.	Financiën	69
76.	Marketing	70
77.	Reclame	70
78.	Bankieren	71
79.	Telefoon. Telefoongesprek	72
80.	Mobiele telefoon	72
81.	Schrijfbehoeften	73
82.	Soorten bedrijven	73

Baan. Business. Deel 2 76

| 83. | Show. Tentoonstelling | 76 |
| 84. | Wetenschap. Onderzoek. Wetenschappers | 77 |

Beroepen en ambachten 79

85.	Zoeken naar werk. Ontslag	79
86.	Zakenmensen	79
87.	Dienstverlenende beroepen	80
88.	Militaire beroepen en rangen	81
89.	Ambtenaren. Priesters	82
90.	Agrarische beroepen	82
91.	Kunst beroepen	83
92.	Verschillende beroepen	83
93.	Beroepen. Sociale status	85

Onderwijs 86

94.	School	86
95.	Hogeschool. Universiteit	87
96.	Wetenschappen. Disciplines	88
97.	Schrift. Spelling	88
98.	Vreemde talen	89

Rusten. Entertainment. Reizen	91
99. Trip. Reizen	91
100. Hotel	91

TECHNISCHE APPARATUUR. VERVOER	93
Technische apparatuur	93
101. Computer	93
102. Internet. E-mail	94
103. Elektriciteit	95
104. Gereedschappen	95

Vervoer	98
105. Vliegtuig	98
106. Trein	99
107. Schip	100
108. Vliegveld	101

Gebeurtenissen in het leven	103
109. Vakanties. Evenement	103
110. Begrafenissen. Begrafenis	104
111. Oorlog. Soldaten	104
112. Oorlog. Militaire acties. Deel 1	105
113. Oorlog. Militaire acties. Deel 2	107
114. Wapens	108
115. Oude mensen	110
116. Middeleeuwen	110
117. Leider. Baas. Autoriteiten	112
118. De wet overtreden. Criminelen. Deel 1	113
119. De wet overtreden. Criminelen. Deel 2	114
120. Politie. Wet. Deel 1	115
121. Politie. Wet. Deel 2	116

NATUUR	118
De Aarde. Deel 1	118
122. De kosmische ruimte	118
123. De Aarde	119
124. Windrichtingen	120
125. Zee. Oceaan	120
126. Namen van zeeën en oceanen	121
127. Bergen	122
128. Bergen namen	123
129. Rivieren	123
130. Namen van rivieren	124
131. Bos	124
132. Natuurlijke hulpbronnen	125

De Aarde. Deel 2 127

133. Weer 127
134. Zwaar weer. Natuurrampen 128

Fauna 129

135. Zoogdieren. Roofdieren 129
136. Wilde dieren 129
137. Huisdieren 130
138. Vogels 131
139. Vis. Zeedieren 133
140. Amfibieën. Reptielen 133
141. Insecten 134

Flora 135

142. Bomen 135
143. Heesters 135
144. Vruchten. Bessen 136
145. Bloemen. Planten 136
146. Granen, graankorrels 138

LANDEN. NATIONALITEITEN 139

147. West-Europa 139
148. Centraal- en Oost-Europa 139
149. Voormalige USSR landen 140
150. Azië 140
151. Noord-Amerika 141
152. Midden- en Zuid-Amerika 141
153. Afrika 142
154. Australië. Oceanië 142
155. Steden 142

UITSPRAAKGIDS

Letter	Azerbeidzjaans voorbeeld	T&P fonetisch alfabet	Nederlands voorbeeld
A a	stabil	[a]	acht
B b	boksçu	[b]	hebben
C c	Ceyran	[dʒ]	jeans, jungle
Ç ç	Çay	[tʃ]	Tsjechië, cello
D d	daraq	[d]	Dank u, honderd
E e	fevral	[e]	delen, spreken
Ə ə	Əncir	[æ]	Nederlands Nedersaksisch - dät, Engels - cat
F f	fokus	[f]	feestdag, informeren
G g	giriş	[g]	goal, tango
Ğ ğ	Çağırmaq	[ɣ]	liegen, gaan
H h	həkim	[h]	het, herhalen
X x	Xanım	[h]	het, herhalen
I ı	Qarı	[ɪ]	iemand, die
İ i	dimdik	[i]	bidden, tint
J j	Janr	[ʒ]	journalist, rouge
K k	kaktus	[k]	kilogram, bankier
Q q	Qravüra	[g]	goal, tango
L l	liman	[l]	delen, luchter
M m	mavi	[m]	morgen, etmaal
N n	nömrə	[n]	nemen, zonder
O o	okean	[o]	overeenkomst
Ö ö	Göbələk	[ø]	neus, beu
P p	parça	[p]	parallel, koper
R r	rəng	[r]	roepen, breken
S s	sap	[s]	spreken, kosten
Ş ş	Şair	[ʃ]	shampoo, machine
T t	tarix	[t]	tomaat, taart
U u	susmaq	[u]	hoed, doe
Ü ü	Ümid	[y]	fuut, uur
V v	varlı	[v]	beloven, schrijven
Y y	Yaponiya	[j]	New York, januari
Z z	zarafat	[z]	zeven, Engels - there

AFKORTINGEN
gebruikt in de woordenschat

Nederlandse afkortingen

abn	-	als bijvoeglijk naamwoord
bijv.	-	bijvoorbeeld
bn	-	bijvoeglijk naamwoord
bw	-	bijwoord
enk.	-	enkelvoud
enz.	-	enzovoort
form.	-	formele taal
inform.	-	informele taal
mann.	-	mannelijk
mil.	-	militair
mv.	-	meervoud
on.ww.	-	onovergankelijk werkwoord
ontelb.	-	ontelbaar
ov.	-	over
ov.ww.	-	overgankelijk werkwoord
telb.	-	telbaar
vn	-	voornaamwoord
vrouw.	-	vrouwelijk
vw	-	voegwoord
vz	-	voorzetsel
wisk.	-	wiskunde
ww	-	werkwoord

Nederlandse artikelen

de	-	gemeenschappelijk geslacht
de/het	-	gemeenschappelijk geslacht, onzijdig
het	-	onzijdig

BASISBEGRIPPEN

Basisbegrippen Deel 1

1. Voornaamwoorden

ik	mən	['mæn]
jij, je	sən	['sæn]
hij, zij, het	o	['o]
wij, we	biz	['biz]
jullie	siz	['siz]
zij, ze	onlar	[on'lar]

2. Begroetingen. Begroetingen. Afscheid

Hallo! Dag!	Salam!	[sa'lam]
Hallo!	Salam!	[sa'lam]
Goedemorgen!	Sabahın xeyir!	[saba'hın χɛ'jır]
Goedemiddag!	Günortan xeyir!	[gynor'tan χɛ'jır]
Goedenavond!	Axşamın xeyir!	[aχʃa'mın χɛ'jır]
gedag zeggen (groeten)	salamlaşmaq	[salamlaʃ'mah]
Hoi!	Salam!	[sa'lam]
groeten (het)	salam	[sa'lam]
verwelkomen (ww)	salamlamaq	[salamla'mah]
Hoe gaat het?	Necəsən?	[nɛ'dʒʲæsæn]
Is er nog nieuws?	Nə yenilik var?	['næ ɛni'lik 'var]
Dag! Tot ziens!	Xudahafiz!	[χudaha'fiz]
Tot snel! Tot ziens!	Tezliklə görüşənədək!	[tɛz'liklæ gøryʃæ'nædæk]
Vaarwel! (inform.)	Sağlıqla qal!	[sa'ɣlıgla 'gal]
Vaarwel! (form.)	Sağlıqla qalın!	[sa'ɣlıgla 'galın]
afscheid nemen (ww)	vidalaşmaq	[vidalaʃ'mah]
Tot kijk!	Hələlik!	[hælæ'lik]
Dank u!	Sağ ol!	['saɣ 'ol]
Dank u wel!	Çox sağ ol!	['tʃoχ 'saɣ 'ol]
Graag gedaan	Buyurun	['buyrun]
Geen dank!	Deymez	[dæj'mæz]
Geen moeite.	Bir şey deyil	['bir 'ʃæj 'dɛjıl]
Excuseer me, ... (inform.)	Bağışla!	[baɣıʃ'la]
Excuseer me, ... (form.)	Bağışlayın!	[baɣıʃ'lajın]
excuseren (verontschuldigen)	Bağışlamaq	[baɣıʃla'mah]
zich verontschuldigen	üzr istəmək	['juzr istæ'mæk]
Mijn excuses.	Üzrümü qəbul et	[yzry'my gæ'bul 'ɛt]

Het spijt me!	Bağışlayın!	[baɣɯʃ'lajɯn]
vergeven (ww)	bağışlamaq	[baɣɯʃla'mah]
alsjeblieft	rica edirəm	[ri'dʒʲa ɛ'diræm]
Vergeet het niet!	Unutmayın!	[u'nutmajɯn]
Natuurlijk!	Əlbəttə!	[æl'battæ]
Natuurlijk niet!	Əlbəttə yox!	[æl'battæ 'joχ]
Akkoord!	Razıyam!	[ra'zɯjam]
Zo is het genoeg!	Bəsti!	['bæsti]

3. Hoe aan te spreken

meneer	Cənab	[dʒʲæ'nap]
mevrouw	Xanım	[χa'nɯm]
juffrouw	Ay qız	['aj 'gɯz]
jongeman	Cavan oğlan	[dʒʲa'van o'ɣlan]
jongen	Ay oğlan	['aj o'ɣlan]
meisje	Ay qız	['aj 'gɯz]

4. Kardinale getallen. Deel 1

nul	sıfır	['sɯfɯr]
een	bir	['bir]
twee	iki	[i'ki]
drie	üç	['ytʃ]
vier	dörd	['dørd]

vijf	beş	['bɛʃ]
zes	altı	[al'tɯ]
zeven	yeddi	[ɛd'di]
acht	səkkiz	[sæk'kiz]
negen	doqquz	[dok'kuz]

tien	on	['on]
elf	on bir	['on 'bir]
twaalf	on iki	['on i'ki]
dertien	on üç	['on 'jutʃ]
veertien	on dörd	['on 'dørd]

vijftien	on beş	['on 'bɛʃ]
zestien	on altı	['on al'tɯ]
zeventien	on yeddi	['on ɛd'di]
achttien	on səkkiz	['on sæk'kiz]
negentien	on doqquz	['on dok'kuz]

twintig	iyirmi	[ijɯr'mi]
eenentwintig	iyirmi bir	[ijɯr'mi 'bir]
tweeëntwintig	iyirmi iki	[ijɯr'mi i'ki]
drieëntwintig	iyirmi üç	[ijɯr'mi 'jutʃ]

dertig	otuz	[o'tuz]
eenendertig	otuz bir	[o'tuz 'bir]

tweeëndertig	otuz iki	[o'tuz i'ki]
drieëndertig	otuz üç	[o'tuz 'jutʃ]
veertig	qırx	['gırχ]
eenenveertig	qırx bir	['gırχ 'bir]
tweeënveertig	qırx iki	['gırχ i'ki]
drieënveertig	qırx üç	['gırχ 'jutʃ]
vijftig	əlli	[æl'li]
eenenvijftig	əlli bir	[æl'li 'bir]
tweeënvijftig	əlli iki	[æl'li i'ki]
drieënvijftig	əlli üç	[æl'li 'jutʃ]
zestig	altmış	[alt'mıʃ]
eenenzestig	altmış bir	[alt'mıʃ 'bir]
tweeënzestig	altmış iki	[alt'mıʃ i'ki]
drieënzestig	altmış üç	[alt'mıʃ 'jutʃ]
zeventig	yetmiş	[ɛt'miʃ]
eenenzeventig	yetmiş bir	[ɛt'miʃ 'bir]
tweeënzeventig	yetmiş iki	[ɛt'miʃ i'ki]
drieënzeventig	yetmiş üç	[ɛt'miʃ 'jutʃ]
tachtig	səksən	[sæk'sæn]
eenentachtig	səksən bir	[sæk'sæn 'bir]
tweeëntachtig	səksən iki	[sæk'sæn i'ki]
drieëntachtig	səksən üç	[sæk'sæn 'jutʃ]
negentig	doxsan	[doχ'san]
eenennegentig	doxsan bir	[doχ'san 'bir]
tweeënnegentig	doxsan iki	[doχ'san i'ki]
drieënnegentig	doxsan üç	[doχ'san 'jutʃ]

5. Kardinale getallen. Deel 2

honderd	yüz	['jyz]
tweehonderd	iki yüz	[i'ki 'juz]
driehonderd	üç yüz	['jutʃ 'juz]
vierhonderd	dörd yüz	['dørd 'juz]
vijfhonderd	beş yüz	['bɛʃ 'juz]
zeshonderd	altı yüz	[al'tı 'juz]
zevenhonderd	yeddi yüz	[ɛd'di 'juz]
achthonderd	səkkiz yüz	[sæk'kiz 'juz]
negenhonderd	doqquz yüz	[dok'kuz 'juz]
duizend	min	['min]
tweeduizend	iki min	[i'ki 'min]
drieduizend	üç min	['jutʃ 'min]
tienduizend	on min	['on 'min]
honderdduizend	yüz min	['juz 'min]
miljoen (het)	milyon	[mi'ljon]
miljard (het)	milyard	[mi'ljard]

6. Ordinale getallen

eerste (bn)	birinci	[birin'dʒʲi]
tweede (bn)	ikinci	[ikin'dʒʲi]
derde (bn)	üçüncü	[ytʃʲun'dʒʲu]
vierde (bn)	dördüncü	[dørdyn'dʒy]
vijfde (bn)	beşinci	[bɛʃin'dʒʲi]
zesde (bn)	altıncı	[altın'dʒʲı]
zevende (bn)	yeddinci	[ɛddin'dʒʲi]
achtste (bn)	səkkizinci	[sækkizin'dʒʲi]
negende (bn)	doqquzuncu	[dokkuzun'dʒy]
tiende (bn)	onuncu	[onun'dʒʲu]

7. Getallen. Breuken

breukgetal (het)	kəsr	['kæsr]
half	ikidə bir	[iki'dæ 'bir]
een derde	üçdə bir	[ytʃ'dæ 'bir]
kwart	dördde bir	[dørd'da 'bir]
een achtste	səkkizdə bir	[sækkiz'dæ 'bir]
een tiende	onda bir	[on'da 'bir]
twee derde	üçdə iki	[ytʃ'dæ i'ki]
driekwart	dördde üç	[dørd'dæ 'jutʃ]

8. Getallen. Eenvoudige berekeningen

aftrekking (de)	çıxma	[tʃıx'ma]
aftrekken (ww)	çıxmaq	[tʃıx'mah]
deling (de)	bölmə	[bøl'mæ]
delen (ww)	bölmək	[bøl'mæk]
optelling (de)	toplama	[topla'ma]
erbij optellen	toplamaq	[topla'mah]
(bij elkaar voegen)		
optellen (ww)	artırmaq	[artır'mah]
vermenigvuldiging (de)	vurma	[vur'ma]
vermenigvuldigen (ww)	vurmaq	[vur'mah]

9. Getallen. Diversen

cijfer (het)	rəqəm	[ræ'gæm]
nummer (het)	say	['saj]
telwoord (het)	say	['saj]
minteken (het)	minus	['minus]
plusteken (het)	plyus	['pʲlus]
formule (de)	düstur	[dys'tur]
berekening (de)	hesab	[hɛ'sap]

tellen (ww)	saymaq	[saj'mah]
bijrekenen (ww)	həsablamaq	[hɛsabla'mah]
vergelijken (ww)	müqayisə etmək	[mygajı'sæ ɛt'mæk]

| Hoeveel? (ontelb.) | Nə qədər? | ['næ gæ'dær] |
| Hoeveel? (telb.) | Neçə? | [nɛ'tʃæ] |

som (de), totaal (het)	məbləğ	[mæb'læɣ]
uitkomst (de)	nəticə	[næti'dʒʲæ]
rest (de)	qalıq	[ga'lıh]

enkele (bijv. ~ minuten)	bir neçə	[bir nɛ'tʃæ]
weinig (bw)	bir az ...	['bir 'az ...]
restant (het)	qalanı	[gala'nı]
anderhalf	bir yarım	['bir ja'rım]
dozijn (het)	on iki	['on i'ki]

middendoor (bw)	tən yarı	['tæn ja'rı]
even (bw)	tənbərabər	[tænbæra'bær]
helft (de)	yarım	[ja'rım]
keer (de)	dəfə	[dæ'fæ]

10. De belangrijkste werkwoorden. Deel 1

aanbevelen (ww)	məsləhət görmək	[mæslæ'hæt gør'mæk]
aandringen (ww)	təkid etmək	[tæ'kid ɛt'mæk]
aankomen (per auto, enz.)	gəlmək	[gæl'mæk]
aanraken (ww)	əl vurmaq	['æl vur'mah]
adviseren (ww)	məsləhət vermək	[mæslæ'hæt vɛr'mæk]

afdalen (on.ww.)	aşağı düşmək	[aʃa'ɣı dyʃ'mæk]
afslaan (naar rechts ~)	döndərmək	[døndær'mæk]
antwoorden (ww)	cavab vermək	[dʒʲa'vap vɛr'mæk]
bang zijn (ww)	qorxmaq	[gorχ'mah]
bedreigen (bijv. met een pistool)	hədələmək	[hædælæ'mæk]

bedriegen (ww)	aldatmaq	[aldat'mah]
beëindigen (ww)	qurtarmaq	[gurtar'mah]
beginnen (ww)	başlamaq	[baʃla'mah]
begrijpen (ww)	başa düşmək	[ba'ʃa dyʃ'mæk]
beheren (managen)	idarə etmək	[ida'ræ ɛt'mæk]

beledigen (met scheldwoorden)	təhkir etmək	[tæh'kir ɛt'mæk]
beloven (ww)	vəd etmək	['væd ɛt'mæk]
bereiden (koken)	hazırlamaq	[hazırla'mah]
bespreken (spreken over)	müzakirə etmək	[myzaki'ræ ɛt'mæk]

bestellen (eten ~)	sifariş etmək	[sifa'riʃ ɛt'mæk]
bestraffen (een stout kind ~)	cəzalandırmaq	[dʒʲæzalandır'mah]
betalen (ww)	pulunu ödəmək	[pulʲu'nu ødæ'mæk]
betekenen (beduiden)	ifadə etmək	[ifa'dæ ɛt'mæk]
betreuren (ww)	heyfsilənmək	[hɛjfsilæn'mæk]

bevallen (prettig vinden)	xoşuna gəlmək	[xoʃuˈna gælˈmæk]
bevelen (mil.)	əmr etmək	[ˈæmr ɛtˈmæk]
bevrijden (stad, enz.)	azad etmək	[aˈzad ɛtˈmæk]
bewaren (ww)	saxlamaq	[saxlaˈmah]
bezitten (ww)	sahib olmaq	[saˈhip olˈmah]
bidden (praten met God)	dua etmək	[duˈa ɛtˈmæk]
binnengaan (een kamer ~)	daxil olmaq	[daˈxil olˈmah]
breken (ww)	qırmaq	[gırˈmah]
controleren (ww)	nəzarət etmək	[næzaˈræt ɛtˈmæk]
creëren (ww)	yaratmaq	[jaratˈmah]
deelnemen (ww)	iştirak etmək	[iʃtiˈrak ɛtˈmæk]
denken (ww)	düşünmək	[dyʃynˈmæk]
doden (ww)	öldürmək	[øldyrˈmæk]
doen (ww)	etmək	[ɛtˈmæk]
dorst hebben (ww)	içmək istəmək	[itʃˈmæk istæˈmæk]

11. De belangrijkste werkwoorden. Deel 2

een hint geven	eyham vurmaq	[ɛjˈham vurˈmah]
eisen (met klem vragen)	tələb etmək	[tæˈlæp ɛtˈmæk]
existeren (bestaan)	mövcud olmaq	[møvˈdʒyd olˈmah]
gaan (te voet)	getmək	[gɛtˈmæk]
gaan zitten (ww)	oturmaq	[oturˈmah]
gaan zwemmen	çimmək	[tʃimˈmæk]
geven (ww)	vermək	[vɛrˈmæk]
glimlachen (ww)	gülümsəmək	[gylymsæˈmæk]
goed raden (ww)	tapmaq	[tapˈmah]
grappen maken (ww)	zarafat etmək	[zaraˈfat ɛtˈmæk]
graven (ww)	qazmaq	[gazˈmah]
hebben (ww)	malik olmaq	[ˈmalik olˈmah]
helpen (ww)	kömək etmək	[køˈmæk ɛtˈmæk]
herhalen (opnieuw zeggen)	təkrar etmək	[tækˈrar ɛtˈmæk]
honger hebben (ww)	yemək istəmək	[ɛˈmæk istɛˈmæk]
hopen (ww)	ümid etmək	[yˈmid ɛtˈmæk]
horen (waarnemen met het oor)	eşitmək	[ɛʃitˈmæk]
huilen (wenen)	ağlamaq	[aɣlaˈmah]
huren (huis, kamer)	kirayə etmək	[kiraˈjæ ɛtˈmæk]
informeren (informatie geven)	məlumat vermək	[mælʲuˈmat vɛrˈmæk]
instemmen (akkoord gaan)	razı olmaq	[raˈzı olˈmah]
jagen (ww)	ova çıxmaq	[oˈva tʃıxˈmah]
kennen (kennis hebben van iemand)	tanımaq	[tanıˈmah]
kiezen (ww)	seçmək	[sɛtʃˈmæk]
klagen (ww)	şikayət etmək	[ʃikaˈjæt ɛtˈmæk]
kosten (ww)	qiyməti olmaq	[gijmæˈti olˈmah]
kunnen (ww)	bacarmaq	[badʒʲarˈmah]

lachen (ww)	gülmək	[gylʲ'mæk]
laten vallen (ww)	yerə salmaq	[ɛ'ræ sal'mah]
lezen (ww)	oxumaq	[oχu'mah]
liefhebben (ww)	sevmək	[sɛv'mæk]
lunchen (ww)	nahar etmək	[na'har ɛt'mæk]
nemen (ww)	almaq	[al'mah]
nodig zijn (ww)	tələb olunmaq	[tæ'læp olʲun'mah]

12. De belangrijkste werkwoorden. Deel 3

onderschatten (ww)	lazımi qədər qiymətləndirməmək	[lazı'mi gæ'dær gijmætlæn'dirmæmæk]
ondertekenen (ww)	imzalamaq	[imzala'mah]
ontbijten (ww)	səhər yeməyi yemək	[sæ'hær ɛmæ'jı ɛ'mæk]
openen (ww)	açmaq	[atʃ'mah]
ophouden (ww)	kəsmək	[kæs'mæk]
opmerken (zien)	görmək	[gør'mæk]
opscheppen (ww)	lovğalanmaq	[lovγalan'mah]
opschrijven (ww)	yazmaq	[jaz'mah]
plannen (ww)	planlaşdırmaq	[planlaʃdır'mah]
prefereren (verkiezen)	üstünlük vermək	[ystyn'lyk vɛr'mæk]
proberen (trachten)	sınamaq	[sına'mah]
redden (ww)	xilas etmək	[χi'las ɛt'mæk]
rekenen op ...	bel bağlamaq	['bɛl bayla'mah]
rennen (ww)	qaçmaq	[gatʃ'mah]
reserveren (een hotelkamer ~)	sifariş etmək	[sifa'riʃ ɛt'mæk]
roepen (om hulp)	çağırmaq	[tʃayır'mah]
schieten (ww)	atəş açmaq	[a'tæʃ atʃ'mah]
schreeuwen (ww)	çığırmaq	[tʃıyır'mah]
schrijven (ww)	yazmaq	[jaz'mah]
souperen (ww)	axşam yeməyi yemək	[aχ'ʃam ɛmæ'jı ɛ'mæk]
spelen (kinderen)	oynamaq	[ojna'mah]
spreken (ww)	danışmaq	[danıʃ'mah]
stelen (ww)	oğurlamaq	[oγurla'mah]
stoppen (pauzeren)	dayanmaq	[dajan'mah]
studeren (Nederlands ~)	öyrənmək	[øjræn'mæk]
sturen (zenden)	göndərmək	[gøndær'mæk]
tellen (optellen)	saymaq	[saj'mah]
toebehoren ...	mənsub olmaq	[mæn'sup ol'mah]
toestaan (ww)	icazə vermək	[idʒa'zæ vɛr'mæk]
tonen (ww)	göstərmək	[gøstær'mæk]
twijfelen (onzeker zijn)	şübhələnmək	[ʃybhælæn'mæk]
uitgaan (ww)	çıxmaq	[tʃıχ'mah]
uitnodigen (ww)	dəvət etmək	[dæ'væt ɛt'mæk]
uitspreken (ww)	tələffüz etmək	[tælæffyz ɛt'mæk]
uitvaren tegen (ww)	danlamaq	[danla'mah]

13. De belangrijkste werkwoorden. Deel 4

vallen (ww)	yıxılmaq	[jıχıl'mah]
vangen (ww)	tutmaq	[tut'mah]
veranderen (anders maken)	dəyişmək	[dæiʃ'mæk]
verbaasd zijn (ww)	təəccüblənmək	[taædʒyblæn'mæk]
verbergen (ww)	gizlətmək	[gizlæt'mæk]
verdedigen (je land ~)	müdafiyə etmək	[mydafi'jæ ɛt'mæk]
verenigen (ww)	birləşdirmək	[birlæʃdir'mæk]
vergelijken (ww)	müqayisə etmək	[mygajı'sæ ɛt'mæk]
vergeten (ww)	unutmaq	[unut'mah]
vergeven (ww)	bağışlamaq	[bayıʃla'mah]
verklaren (uitleggen)	izah etmək	[i'zah ɛt'mæk]
verkopen (per stuk ~)	satmaq	[sat'mah]
vermelden (praten over)	adını çəkmək	[adı'nı ʧæk'mæk]
versieren (decoreren)	bəzəmək	[bæzæ'mæk]
vertalen (ww)	tərcümə etmək	[tærdʒy'mæ ɛt'mæk]
vertrouwen (ww)	etibar etmək	[ɛti'bar ɛt'mæk]
vervolgen (ww)	davam etdirmək	[da'vam ɛtdir'mæk]
verwarren (met elkaar ~)	dolaşıq salmaq	[dola'ʃıh sal'mah]
verzoeken (ww)	xahiş etmək	[χa'hiʃ ɛt'mæk]
verzuimen (school, enz.)	buraxmaq	[buraχ'mah]
vinden (ww)	tapmaq	[tap'mah]
vliegen (ww)	uçmaq	[utʃ'mah]
volgen (ww)	ardınca getmək	[ar'dındʒ'a gɛt'mæk]
voorstellen (ww)	təklif etmək	[tæk'lif ɛt'mæk]
voorzien (verwachten)	qabaqcadan görmək	[ga'bagdʒ'adan gør'mæk]
vragen (ww)	soruşmaq	[soruʃ'mah]
waarnemen (ww)	müşaidə etmək	[myʃai'dæ ɛt'mæk]
waarschuwen (ww)	xəbərdarlıq etmək	[χæbærdar'lıh ɛt'mæk]
wachten (ww)	gözləmək	[gøzlæ'mæk]
weerspreken (ww)	etiraz etmək	[ɛti'raz ɛt'mæk]
weigeren (ww)	imtina etmək	[imti'na ɛt'mæk]
werken (ww)	işləmək	[iʃlæ'mæk]
weten (ww)	bilmək	[bil'mæk]
willen (verlangen)	istəmək	[istæ'mæk]
zeggen (ww)	demək	[dɛ'mæk]
zich haasten (ww)	tələsmək	[tælæs'mæk]
zich interesseren voor ...	maraqlanmaq	[maraglan'mah]
zich vergissen (ww)	səhv etmək	['sæhv ɛt'mæk]
zich verontschuldigen	üzr istəmək	['juzr istæ'mæk]
zien (ww)	görmək	[gør'mæk]
zijn (ww)	olmaq	[ol'mah]
zoeken (ww)	axtarmaq	[aχtar'mah]
zwemmen (ww)	üzmək	[yz'mæk]
zwijgen (ww)	susmaq	[sus'mah]

14. Kleuren

kleur (de)	rəng	['rænh]
tint (de)	çalar	[tʃa'lar]
kleurnuance (de)	ton	['ton]
regenboog (de)	qövsi-quzeh	[gøvsi gy'zɛh]
wit (bn)	ağ	['aɣ]
zwart (bn)	qara	[ga'ra]
grijs (bn)	boz	['boz]
groen (bn)	yaşıl	[ja'ʃıl]
geel (bn)	sarı	[sa'rı]
rood (bn)	qırmızı	[gırmı'zı]
blauw (bn)	göy	['gøj]
lichtblauw (bn)	mavi	[ma'vi]
roze (bn)	çəhrayı	[tʃæhra'jı]
oranje (bn)	narıncı	[narın'dʒı]
violet (bn)	bənövşəyi	[bænøvʃæ'jı]
bruin (bn)	şabalıdı	[ʃabalı'dı]
goud (bn)	qızıl	[gı'zıl]
zilverkleurig (bn)	gümüşü	[gymy'ʃy]
beige (bn)	bej rəngli	[bɛʒ ræng'li]
roomkleurig (bn)	krem rəngli	[krɛm ræng'li]
turkoois (bn)	firuzəyi	[firuzæ'jı]
kersrood (bn)	tünd qırmızı	['tynd gırmı'zı]
lila (bn)	açıq bənövşəyi	[a'tʃıh bænøvʃæ'jı]
karmijnrood (bn)	moruq rəngli	[moruh ræng'li]
licht (bn)	açıq rəngli	[a'tʃıh ræng'li]
donker (bn)	tünd	['tynd]
fel (bn)	parlaq	[par'lah]
kleur-, kleurig (bn)	rəngli	[ræng'li]
kleuren- (abn)	rəngli	[ræng'li]
zwart-wit (bn)	ağ-qara	['aɣ ga'ra]
eenkleurig (bn)	birrəng	[bir'rænh]
veelkleurig (bn)	müxtəlif rəngli	[myχtæ'lif ræng'li]

15. Vragen

Wie?	Kim?	['kim]
Wat?	Nə?	['næ]
Waar?	Harada?	['harada]
Waarheen?	Haraya?	['haraja]
Waar ... vandaan?	Haradan?	['haradan]
Wanneer?	Nə zaman?	['næ za'man]
Waarom?	Niyə?	[ni'jæ]
Waarom?	Nə üçün?	['næ ju'tʃun]
Waarvoor dan ook?	Nədən ötrü?	[næ'dæn øt'ry]

Hoe?	Necə?	[nɛ'ʤʲæ]
Wat voor …?	Nə cür?	['næ 'ʤyr]
Welk?	Hansı?	[han'sı]

Aan wie?	Kimə?	[ki'mæ]
Over wie?	Kimdən?	[kim'dæn]
Waarover?	Nədən?	[næ'dæn]
Met wie?	Kiminlə?	[ki'minlæ]

| Hoeveel? (telb.) | Neçə? | [nɛ'ʧæ] |
| Van wie? (mann.) | Kimin? | [ki'min] |

16. Voorzetsels

met (bijv. ~ beleg)	ilə	[i'læ]
zonder (~ accent)	… sız	[… sız]
naar (in de richting van)	da	['da]
over (praten ~)	haqqında	[hakkın'da]
voor (in tijd)	qabaq	[ga'bah]
voor (aan de voorkant)	qarşısında	[garʃısın'da]

onder (lager dan)	altında	[altın'da]
boven (hoger dan)	üstündə	[ystyn'dæ]
op (bovenop)	üzərində	[yzærin'dæ]
van (uit, afkomstig van)	… dan	[… dan]
van (gemaakt van)	… dan	[… dan]

| over (bijv. ~ een uur) | sonra | [son'ra] |
| over (over de bovenkant) | üstündən | [ystyn'dæn] |

17. Functiewoorden. Bijwoorden. Deel 1

Waar?	Harada?	['harada]
hier (bw)	burada	['burada]
daar (bw)	orada	['orada]

| ergens (bw) | harada isə | ['harada isɛ] |
| nergens (bw) | heç bir yerdə | ['hɛʧ 'bir ɛr'dæ] |

| bij … (in de buurt) | yanında | [janın'da] |
| bij het raam | pəncərənin yanında | [pænʤʲæræ'nin janın'da] |

Waarheen?	Haraya?	['haraja]
hierheen (bw)	buraya	['buraja]
daarheen (bw)	oraya	['oraja]
hiervandaan (bw)	buradan	['buradan]
daarvandaan (bw)	oradan	['oradan]

dichtbij (bw)	yaxın	[ja'χın]
ver (bw)	uzaq	[u'zah]
in de buurt (van …)	yanaşı	[jana'ʃı]
vlakbij (bw)	yaxında	[jaχın'da]

Nederlands	Azerbeidzjaans	Uitspraak
niet ver (bw)	yaxında	[jaχɯn'da]
linker (bn)	sol	['sol]
links (bw)	soldan	[sol'dan]
linksaf, naar links (bw)	sola	[so'la]
rechter (bn)	sağ	['saɣ]
rechts (bw)	sağdan	[sa'ɣdan]
rechtsaf, naar rechts (bw)	sağa	[sa'ɣa]
vooraan (bw)	qabaqdan	[gabag'dan]
voorste (bn)	qabaq	[ga'bah]
vooruit (bw)	irəli	[iræ'li]
achter (bw)	arxada	[arχa'da]
van achteren (bw)	arxadan	[arχa'dan]
achteruit (naar achteren)	arxaya	[arχa'ja]
midden (het)	orta	[or'ta]
in het midden (bw)	ortada	[orta'da]
opzij (bw)	qıraqdan	[gɯrag'dan]
overal (bw)	hər yerdə	['hær ɛr'dæ]
omheen (bw)	ətrafında	[ætrafɯn'da]
binnenuit (bw)	içəridən	[itʃæri'dæn]
naar ergens (bw)	haraya isə	['haraja i'sæ]
rechtdoor (bw)	düzünə	[dyzy'næ]
terug (bijv. ~ komen)	geriyə	[gɛri'jæ]
ergens vandaan (bw)	haradan olsa	['haradan ol'sa]
ergens vandaan (en dit geld moet ~ komen)	haradansa	['haradansa]
ten eerste (bw)	birincisi	[birindʒi'si]
ten tweede (bw)	ikincisi	[ikintʃi'si]
ten derde (bw)	üçüncüsü	[ytʃundʒu'sy]
plotseling (bw)	qəflətən	['gæflætæn]
in het begin (bw)	başlanqıcda	[baʃlangɯdʒ'da]
voor de eerste keer (bw)	birinci dəfə	[birin'dʒi dæ'fæ]
lang voor ... (bw)	xeyli əvvəl	['χɛjli æv'væl]
opnieuw (bw)	yenidən	[ɛni'dæn]
voor eeuwig (bw)	həmişəlik	[hæmiʃæ'lik]
nooit (bw)	heç bir zaman	['hɛtʃ 'bir za'man]
weer (bw)	yenə	['ɛnæ]
nu (bw)	indi	[in'di]
vaak (bw)	tez-tez	['tɛz 'tɛz]
toen (bw)	onda	[on'da]
urgent (bw)	təcili	[tædʒi'li]
meestal (bw)	adətən	['adætæn]
trouwens, ... (tussen haakjes)	yeri gəlmişkən	[ɛ'ri gæl'miʃkæn]
mogelijk (bw)	ola bilsin	[o'la bil'sin]
waarschijnlijk (bw)	ehtimal ki	[ɛhti'mal 'ki]

misschien (bw)	ola bilər	[o'la bi'lær]
trouwens (bw)	bundan başqa ...	[bun'dan baʃ'ga ...]
daarom ...	buna görə	[bu'na gø'ræ]
in weerwil van ...	baxmayaraq ki ...	['baχmajarah ki ...]
dankzij ...	sayəsində ...	[sajæsin'dæ ...]

wat (vn)	nə	['næ]
dat (vw)	ki	['ki]
iets (vn)	nə isə	['næ i'sæ]
iets	bir şey	['bir 'ʃɛj]
niets (vn)	heç bir şey	['hɛtʃ 'bir 'ʃæj]

wie (~ is daar?)	kim	['kim]
iemand (een onbekende)	kim isə	['kim i'sæ]
iemand (een bepaald persoon)	birisi	[biri'si]

niemand (vn)	heç kim	['hɛtʃ kim]
nergens (bw)	heç bir yerə	['hɛtʃ 'bir ɛ'ræ]
niemands (bn)	heç kimin	['hɛtʃ ki'min]
iemands (bn)	kiminsə	[ki'minsæ]

zo (Ik ben ~ blij)	belə	[bɛ'læ]
ook (evenals)	habelə	['habɛlæ]
alsook (eveneens)	həmçinin	['hæmtʃinin]

18. Functiewoorden. Bijwoorden. Deel 2

Waarom?	Nə üçün?	['næ ju'tʃun]
om een bepaalde reden	nədənsə	[næ'dænsæ]
omdat ...	ona görə ki	[o'na gø'ræ 'ki]
voor een bepaald doel	nə səbəbə isə	['næ sæbæ'bæ i'sæ]

en (vw)	və	['væ]
of (vw)	yaxud	['jaχud]
maar (vw)	amma	['amma]
voor (vz)	üçün	[y'tʃun]

te (~ veel mensen)	həddindən artıq	[hæddin'dæn ar'tıh]
alleen (bw)	yalnız	['jalnız]
precies (bw)	dəqiq	[dæ'gih]
ongeveer (~ 10 kg)	təqribən	[tæg'ribæn]

omstreeks (bw)	təxminən	[tæχ'minæn]
bij benadering (bn)	təxmini	[tæχmi'ni]
bijna (bw)	demək olar ki	[dɛ'mæk o'lar 'ki]
rest (de)	qalanı	[gala'nı]

elk (bn)	hər bir	['hær 'bir]
om het even welk	hansı olursa olsun	[han'sı o'lʲursa ol'sun]
veel (grote hoeveelheid)	çox	['tʃoχ]
veel mensen	çoxları	[tʃoχla'rı]
iedereen (alle personen)	hamısı	['hamısı]
in ruil voor ...	bunun əvəzində	[bu'nun ævæzin'dæ]

in ruil (bw)	əvəzində	[ævæzin'dæ]
met de hand (bw)	əl ilə	['æl i'læ]
onwaarschijnlijk (bw)	çətin ola bilsin	[tʃæ'tin o'la bil'sin]
waarschijnlijk (bw)	guman ki	[gy'man 'ki]
met opzet (bw)	bilərək	[bi'læræk]
toevallig (bw)	təsadüfən	[tæ'sadyfæn]
zeer (bw)	çox	['tʃox]
bijvoorbeeld (bw)	məsələn	['mæsælæn]
tussen (~ twee steden)	arasında	[arasın'da]
tussen (te midden van)	ortasında	[ortasın'da]
zoveel (bw)	bu qədər	['bu gæ'dær]
vooral (bw)	xüsusilə	[xysu'silæ]

Basisbegrippen Deel 2

19. Dagen van de week

maandag (de)	bazar ertəsi	[baˈzar ɛrtæˈsi]
dinsdag (de)	çərşənbə axşamı	[ʧærʃænˈbæ aχʃaˈmɪ]
woensdag (de)	çərşənbə	[ʧærʃænˈbæ]
donderdag (de)	cümə axşamı	[ʤyˈmæ aχʃaˈmɪ]
vrijdag (de)	cümə	[ʤyˈmæ]
zaterdag (de)	şənbə	[ʃænˈbæ]
zondag (de)	bazar	[baˈzar]

vandaag (bw)	bu gün	[ˈbu ˈgyn]
morgen (bw)	sabah	[ˈsabah]
overmorgen (bw)	birigün	[biˈrigyn]
gisteren (bw)	dünən	[ˈdynæn]
eergisteren (bw)	sırağa gün	[sɪraˈɣa ˈgyn]

dag (de)	gündüz	[gynˈdyz]
werkdag (de)	iş günü	[ˈiʃ gyˈny]
feestdag (de)	bayram günü	[bajˈram gyˈny]
verlofdag (de)	istirahət günü	[istiraˈhæt gyˈny]
weekend (het)	istirahət günləri	[istiraˈhæt gynlɛˈri]

de hele dag (bw)	bütün günü	[byˈtyn gyˈny]
de volgende dag (bw)	ertəsi gün	[ɛrtæˈsi ˈgyn]
twee dagen geleden	iki gün qabaq	[iˈki ˈgyn gaˈbah]
aan de vooravond (bw)	ərəfəsində	[æræfæsinˈdæ]
dag-, dagelijks (bn)	gündəlik	[gyndæˈlik]
elke dag (bw)	hər gün	[ˈhær ˈgyn]

week (de)	həftə	[hæfˈtæ]
vorige week (bw)	keçən həftə	[kɛˈʧæn hæfˈtæ]
volgende week (bw)	gələn həftə	[gæˈlæn hæfˈtæ]
wekelijks (bn)	həftəlik	[hæftæˈlik]
elke week (bw)	həftədə bir	[hæftæˈdæ ˈbir]
twee keer per week	həftədə iki dəfə	[hæftæˈdæ iˈki dæˈfæ]
elke dinsdag	hər çərşənbə axşamı	[ˈhær ʧærʃænˈbæ aχʃaˈmɪ]

20. Uren. Dag en nacht

morgen (de)	səhər	[sæˈhær]
's morgens (bw)	səhərçağı	[sæˈhær ʧaˈɣɪ]
middag (de)	günorta	[gynorˈta]
's middags (bw)	nahardan sonra	[naharˈdan sonˈra]

avond (de)	axşam	[aχˈʃam]
's avonds (bw)	axşam	[aχˈʃam]

nacht (de)	gecə	[gɛ'dʒʲæ]
's nachts (bw)	gecə	[gɛ'dʒʲæ]
middernacht (de)	gecəyarı	[gɛdʒʲæja'rı]

seconde (de)	saniyə	[sani'jæ]
minuut (de)	dəqiqə	[dægi'gæ]
uur (het)	saat	[sa'at]
halfuur (het)	yarım saat	[ja'rım sa'at]
kwartier (het)	on beş dəqiqə	['on 'bɛʃ dægi'gæ]
vijftien minuten	on beş dəqiqə	['on 'bɛʃ dægi'gæ]
etmaal (het)	gecə-gündüz	[gɛ'dʒʲæ gyn'dyz]

zonsopgang (de)	günəşin doğması	[gynæ'ʃin doɣma'sı]
dageraad (de)	şəfəq	[ʃæ'fæh]
vroege morgen (de)	səhər tezdən	[sæ'hær tɛz'dæn]
zonsondergang (de)	gün batan çağı	['gyn ba'tan tʃa'ɣı]

's morgens vroeg (bw)	erkəndən	[ɛrkæn'dæn]
vanmorgen (bw)	bu gün səhər	['bu 'gyn sæ'hær]
morgenochtend (bw)	sabah səhər	['sabah sæ'hær]

vanmiddag (bw)	bu gün günorta çağı	['bu 'gyn gynor'ta tʃa'ɣı]
's middags (bw)	nahardan sonra	[nahar'dan son'ra]
morgenmiddag (bw)	sabah nahardan sonra	['sabah nahar'dan son'ra]

vanavond (bw)	bu gün axşam	['bu 'gyn ax'ʃam]
morgenavond (bw)	sabah axşam	['sabah ax'ʃam]

klokslag drie uur	saat üç tamamda	[sa'at 'jutʃ tamam'da]
ongeveer vier uur	təxminən saat dörd radələrində	[tæx'minæn sa'at 'dørd radælærin'dæ]
tegen twaalf uur	saat on iki üçün	[sa'at 'on i'ki ju'tʃun]

over twintig minuten	iyirmi dəqiqədən sonra	[ijır'mi dægigæ'dæn son'ra]
over een uur	bir saatdan sonra	['bir saat'dan son'ra]
op tijd (bw)	vaxtında	[vaxtın'da]

kwart voor ...	on beş dəqiqə qalmış	['on 'bɛʃ dægi'gæ gal'mıʃ]
binnen een uur	bir saat ərzində	['bir sa'at ærzin'dæ]
elk kwartier	hər on beş dəqiqədən bir	['hær 'on 'bɛʃ dægigæ'dæn bir]
de klok rond	gecə-gündüz	[gɛ'dʒʲæ gyn'dyz]

21. Maanden. Seizoenen

januari (de)	yanvar	[jan'var]
februari (de)	fevral	[fɛv'ral]
maart (de)	mart	['mart]
april (de)	aprel	[ap'rɛl]
mei (de)	may	['maj]
juni (de)	iyun	[i'jun]
juli (de)	iyul	[i'jul]
augustus (de)	avqust	['avgust]

september (de)	sentyabr	[sɛn't'abr]
oktober (de)	oktyabr	[ok't'abr]
november (de)	noyabr	[no'jabr]
december (de)	dekabr	[dɛ'kabr]
lente (de)	yaz	['jaz]
in de lente (bw)	yazda	[jaz'da]
lente- (abn)	yaz	['jaz]
zomer (de)	yay	['jaj]
in de zomer (bw)	yayda	[jaj'da]
zomer-, zomers (bn)	yay	['jaj]
herfst (de)	payız	[pa'jız]
in de herfst (bw)	payızda	[pajız'da]
herfst- (abn)	payız	[pa'jız]
winter (de)	qış	['gıʃ]
in de winter (bw)	qışda	[gıʃ'da]
winter- (abn)	qış	['gıʃ]
maand (de)	ay	['aj]
deze maand (bw)	bu ay	['bu 'aj]
volgende maand (bw)	gələn ay	[gæ'læn 'aj]
vorige maand (bw)	keçən ay	[kɛ'tʃæn 'aj]
een maand geleden (bw)	bir ay qabaq	['bir 'aj ga'bah]
over een maand (bw)	bir aydan sonra	['bir aj'dan son'ra]
over twee maanden (bw)	iki aydan sonra	[i'ki aj'dan son'ra]
de hele maand (bw)	bütün ay	[by'tyn 'aj]
een volle maand (bw)	bütöv ay	[by'tøv 'aj]
maand-, maandelijks (bn)	aylıq	[aj'lıh]
maandelijks (bw)	ayda bir dəfə	[aj'da 'bir dæfæ]
elke maand (bw)	hər ay	['hær 'aj]
twee keer per maand	ayda iki dəfə	[aj'da i'ki dæ'fæ]
jaar (het)	il	['il]
dit jaar (bw)	bu il	['bu 'il]
volgend jaar (bw)	gələn il	[gæ'læn 'il]
vorig jaar (bw)	keçən il	[kɛ'tʃæn 'il]
een jaar geleden (bw)	bir il əvvəl	['bir 'il æv'væl]
over een jaar	bir ildən sonra	['bir il'dæn son'ra]
over twee jaar	iki ildən sonra	[i'ki il'dæn son'ra]
het hele jaar	il uzunu	['il uzu'nu]
een vol jaar	bütün il boyu	[by'tyn il bo'ju]
elk jaar	hər il	['hær 'il]
jaar-, jaarlijks (bn)	illik	[il'lik]
jaarlijks (bw)	hər ilki	['hær il'ki]
4 keer per jaar	ildə dörd dəfə	[il'dæ 'dørd dæ'fæ]
datum (de)	gün	['gyn]
datum (de)	tarix	[ta'rix]
kalender (de)	təqvim	[tæg'vim]

een half jaar	yarım il	[ja'rım 'il]
zes maanden	yarım illik	[ja'rım il'lik]
seizoen (bijv. lente, zomer)	mövsüm	[møv'sym]
eeuw (de)	əsr	['æsr]

22. Meeteenheden

gewicht (het)	çəki	[tʃæ'ki]
lengte (de)	uzunluq	[uzun'lʲuh]
breedte (de)	en	['ɛn]
hoogte (de)	hündürlük	[hyndyr'lyk]
diepte (de)	dərinlik	[dærin'lik]
volume (het)	həcm	['hædʒʲm]
oppervlakte (de)	səth	['sæth]

gram (het)	qram	['gram]
milligram (het)	milliqram	[milli'gram]
kilogram (het)	kiloqram	[kilog'ram]
ton (duizend kilo)	ton	['ton]
pond (het)	girvənkə	[girvæn'kæ]
ons (het)	unsiya	['unsija]

meter (de)	metr	['mɛtr]
millimeter (de)	millimetr	[milli'mɛtr]
centimeter (de)	santimetr	[santi'mɛtr]
kilometer (de)	kilometr	[kilo'mɛtr]
mijl (de)	mil	['mil]

duim (de)	düym	['dyjm]
voet (de)	fut	['fut]
yard (de)	yard	['jard]
vierkante meter (de)	kvadrat metr	[kvad'rat 'mɛtr]
hectare (de)	hektar	[hɛk'tar]

liter (de)	litr	['litr]
graad (de)	dərəcə	[dæræ'dʒʲæ]
volt (de)	volt	['volt]
ampère (de)	amper	[am'pɛr]
paardenkracht (de)	at gücü	['at gy'dʒy]

hoeveelheid (de)	miqdar	[mig'dar]
een beetje ...	bir az ...	['bir 'az ...]
helft (de)	yarım	[ja'rım]
dozijn (het)	on iki	['on i'ki]
stuk (het)	ədəd	[æ'dæd]

afmeting (de)	ölçü	[øl'tʃu]
schaal (bijv. ~ van 1 op 50)	miqyas	[mi'gjas]

minimaal (bn)	minimal	[mini'mal]
minste (bn)	ən kiçik	['æn ki'tʃik]
medium (bn)	orta	[or'ta]
maximaal (bn)	maksimal	[maksi'mal]
grootste (bn)	ən böyük	['æn bø'juk]

23. Containers

glazen pot (de)	şüşə banka	[ʃy'ʃæ ban'ka]
blik (conserven~)	konserv bankası	[kon'sɛrv banka'sı]
emmer (de)	vedrə	[vɛd'ræ]
ton (bijv. regenton)	çəllək	[tʃæl'læk]
ronde waterbak (de)	ləyən	[læ'jæn]
tank (bijv. watertank-70-ltr)	bak	['bak]
heupfles (de)	mehtərə	[mɛhtæ'ræ]
jerrycan (de)	kanistr	[ka'nistr]
tank (bijv. ketelwagen)	sistern	[sis'tɛrn]
beker (de)	parç	['partʃ]
kopje (het)	fincan	[fin'dʒʲan]
schoteltje (het)	nəlbəki	[nælbæ'ki]
glas (het)	stəkan	[stæ'kan]
wijnglas (het)	qədəh	[gæ'dæh]
steelpan (de)	qazan	[ga'zan]
fles (de)	şüşə	[ʃy'ʃæ]
flessenhals (de)	boğaz	[bo'gaz]
karaf (de)	qrafin	[gra'fin]
kruik (de)	səhənk	[sæ'hænk]
vat (het)	qab	['gap]
pot (de)	bardaq	[bar'dah]
vaas (de)	güldan	[gylʲ'dan]
flacon (de)	flakon	[fla'kon]
flesje (het)	şüşə	[ʃy'ʃæ]
tube (bijv. ~ tandpasta)	tübik	['tybik]
zak (bijv. ~ aardappelen)	torba	[tor'ba]
tasje (het)	paket	[pa'kɛt]
pakje (~ sigaretten, enz.)	paçka	[patʃ'ka]
doos (de)	qutu	[gu'tu]
kist (de)	yeşik	[ɛ'ʃik]
mand (de)	səbət	[sæ'bæt]

MENS

Mens. Het lichaam

24. Hoofd

hoofd (het)	baş	['baʃ]
gezicht (het)	üz	['yz]
neus (de)	burun	[bu'run]
mond (de)	ağız	[a'ɣız]
oog (het)	göz	['gøz]
ogen (mv.)	gözlər	[gøz'lær]
pupil (de)	göz bəbəyi	[gøz bæ'bæjı]
wenkbrauw (de)	qaş	['gaʃ]
wimper (de)	kirpik	[kir'pik]
ooglid (het)	göz qapağı	[gøz gapa'ɣı]
tong (de)	dil	['dil]
tand (de)	diş	['diʃ]
lippen (mv.)	dodaq	[do'dah]
jukbeenderen (mv.)	almacıq sümüyü	[alma'dʒıh symy'ju]
tandvlees (het)	diş əti	['diʃ æ'ti]
gehemelte (het)	damağ	[da'maɣ]
neusgaten (mv.)	burun deşikləri	[bu'run dɛʃiklæ'ri]
kin (de)	çənə	[tʃæ'næ]
kaak (de)	çənə	[tʃæ'næ]
wang (de)	yanaq	[ja'nah]
voorhoofd (het)	alın	[a'lın]
slaap (de)	gicgah	[gidʒ'gah]
oor (het)	qulaq	[gu'lah]
achterhoofd (het)	peysər	[pɛj'sær]
hals (de)	boyun	[bo'jun]
keel (de)	boğaz	[bo'gaz]
haren (mv.)	saç	['satʃ]
kapsel (het)	saç düzümü	['satʃ dyzy'my]
haarsnit (de)	saç vurdurma	['satʃ vurdur'ma]
pruik (de)	parik	[pa'rik]
snor (de)	bığ	['bıɣ]
baard (de)	saqqal	[sak'kal]
dragen (een baard, enz.)	qoymaq	[goj'mah]
vlecht (de)	hörük	[hø'ryk]
bakkebaarden (mv.)	bakenbard	[bakɛn'bard]
ros (roodachtig, rossig)	kürən	[ky'ræn]
grijs (~ haar)	saçı ağarmış	[sa'tʃı aɣar'mıʃ]

kaal (bn)	keçəl	[kɛˈtʃæl]
kale plek (de)	daz	[ˈdaz]
paardenstaart (de)	quyruq	[gujˈruh]
pony (de)	zülf	[ˈzylʲf]

25. Menselijk lichaam

hand (de)	əl	[ˈæl]
arm (de)	qol	[ˈgol]
vinger (de)	barmaq	[barˈmah]
duim (de)	baş barmaq	[ˈbaʃ barˈmah]
pink (de)	çeçələ barmaq	[tʃɛtʃæˈlæ barˈmah]
nagel (de)	dırnaq	[dɪrˈnah]
vuist (de)	yumruq	[jumˈruh]
handpalm (de)	ovuc içi	[oˈvudʒʲ iˈtʃi]
pols (de)	bilək	[biˈlæk]
voorarm (de)	bazu önü	[baˈzɪ øˈny]
elleboog (de)	dirsək	[dirˈsæk]
schouder (de)	çiyin	[tʃiˈjɪn]
been (rechter ~)	topuq	[toˈpuh]
voet (de)	pəncə	[pænˈdʒʲæ]
knie (de)	diz	[ˈdiz]
kuit (de)	baldır	[balˈdɪr]
heup (de)	omba	[omˈba]
hiel (de)	daban	[daˈban]
lichaam (het)	bədən	[bæˈdæn]
buik (de)	qarın	[gaˈrɪn]
borst (de)	sinə	[siˈnæ]
borst (de)	döş	[ˈdøʃ]
zijde (de)	böyür	[bøˈjur]
rug (de)	kürək	[kyˈræk]
lage rug (de)	bel	[ˈbɛl]
taille (de)	bel	[ˈbɛl]
navel (de)	göbək	[gøˈbæk]
billen (mv.)	sağrı	[saˈɣrɪ]
achterwerk (het)	arxa	[arˈχa]
huidvlek (de)	xal	[ˈχal]
tatoeage (de)	tatuirovka	[tatuiˈrovka]
litteken (het)	çapıq	[tʃaˈpɪh]

Kleding en accessoires

26. Bovenkleding. Jassen

kleren (mv.), kleding (de)	geyim	[gɛ'jım]
bovenkleding (de)	üst geyim	['just gɛ'jım]
winterkleding (de)	qış paltarı	['gıʃ palta'rı]
jas (de)	palto	[pal'to]
bontjas (de)	kürk	['kyrk]
bontjasje (het)	yarımkürk	[jarım'kyrk]
donzen jas (de)	pərğu geyim	[pær'ɣu gɛ'jım]
jasje (bijv. een leren ~)	gödəkcə	[gødæk'ʧæ]
regenjas (de)	plaş	['plaʃ]
waterdicht (bn)	su buraxmayan	['su bu'raχmajan]

27. Heren & dames kleding

overhemd (het)	köynək	[køj'næk]
broek (de)	şalvar	[ʃal'var]
jeans (de)	cins	['ʤʲins]
colbert (de)	pencək	[pɛn'ʤʲæk]
kostuum (het)	kişi üçün kostyum	[ki'ʃi ju'ʧun kos'tʲum]
jurk (de)	don	['don]
rok (de)	yubka	[yb'ka]
blouse (de)	bluzka	[blʲuz'ka]
wollen vest (de)	yun kofta	['jun kof'ta]
blazer (kort jasje)	jaket	[ʒa'kɛt]
T-shirt (het)	futbolka	[futbol'ka]
shorts (mv.)	şort	['ʃort]
trainingspak (het)	idman paltarı	[id'man palta'rı]
badjas (de)	hamam xələti	[ha'mam χælæ'ti]
pyjama (de)	pijama	[pi'ʒama]
sweater (de)	sviter	['svitɛr]
pullover (de)	pulover	[pulo'vɛr]
gilet (het)	jilet	[ʒi'lɛt]
rokkostuum (het)	frak	['frak]
smoking (de)	smokinq	['smokinh]
uniform (het)	forma	['forma]
werkkleding (de)	iş paltarı	['iʃ palta'rı]
overall (de)	kombinezon	[kombinɛ'zon]
doktersjas (de)	həkim xələti	[hæ'kim χælæ'ti]

28. Kleding. Ondergoed

ondergoed (het)	alt paltarı	['alt palta'rı]
onderhemd (het)	mayka	[maj'ka]
sokken (mv.)	corab	[dʒʲo'rap]
nachthemd (het)	gecə köynəyi	[gɛ'dʒʲæ køjnæ'jı]
beha (de)	büsthalter	[byst'haltɛr]
kniekousen (mv.)	golf corab	['golf dʒʲo'rap]
panty (de)	kolqotka	[kolgot'ka]
nylonkousen (mv.)	uzun corab	[u'zun dʒʲo'rap]
badpak (het)	çimmə paltarı	[tʃim'mæ palta'rı]

29. Hoofddeksels

hoed (de)	papaq	[pa'pah]
deukhoed (de)	şlyapa	['ʃʲapa]
honkbalpet (de)	beysbol papağı	[bɛjs'bol papa'ɣı]
kleppet (de)	kepka	[kɛp'ka]
baret (de)	beret	[bɛ'rɛt]
kap (de)	kapyuşon	[kapy'ʃon]
panamahoed (de)	panama	[pa'nama]
gebreide muts (de)	yun papaq	['jun pa'pah]
hoofddoek (de)	baş örtüyü	['baʃ ørty'ju]
dameshoed (de)	kiçik şlyapa	[ki'tʃik 'ʃʲapa]
veiligheidshelm (de)	kaska	[kas'ka]
veldmuts (de)	pilot papağı	[pi'lot papa'ɣı]
helm, valhelm (de)	dəbilqə	[dæbil'gæ]
bolhoed (de)	kotelok	[kotɛ'lok]
hoge hoed (de)	silindr	[si'lindr]

30. Schoeisel

schoeisel (het)	ayaqqabı	[ajakka'bı]
schoenen (mv.)	botinka	[botin'ka]
vrouwenschoenen (mv.)	tufli	[tuf'li]
laarzen (mv.)	uzunboğaz çəkmə	[uzunbo'ɣaz tʃæk'mæ]
pantoffels (mv.)	şap-şap	['ʃap 'ʃap]
sportschoenen (mv.)	krossovka	[kros'sovka]
sneakers (mv.)	ket	['kɛt]
sandalen (mv.)	səndəl	[sæn'dæl]
schoenlapper (de)	çəkməçi	[tʃækmæ'tʃi]
hiel (de)	daban	[da'ban]
paar (een ~ schoenen)	tay	['taj]
veter (de)	qaytan	[gaj'tan]

rijgen (schoenen ~)	qaytanlamaq	[gajtanla'mah]
schoenlepel (de)	dabançəkən	[dabantʃæ'kæn]
schoensmeer (de/het)	ayaqqabı kremi	[ajakka'bı krɛ'mi]

31. Persoonlijke accessoires

handschoenen (mv.)	əlcək	[æl'dʒʲæk]
wanten (mv.)	təkbarmaq əlcək	[tækbar'mah æl'dʒʲæk]
sjaal (fleece ~)	şərf	['ʃærf]

bril (de)	eynək	[ɛj'næk]
brilmontuur (het)	çərçivə	[tʃærtʃi'væ]
paraplu (de)	çətir	[tʃæ'tir]
wandelstok (de)	əl ağacı	['æl aɣa'dʒʲı]
haarborstel (de)	şaç şotkası	['satʃ ʃotka'sı]
waaier (de)	yelpik	[ɛl'pik]

das (de)	qalstuk	['galstuk]
strikje (het)	kəpənək qalstuk	[kæpæ'næk 'galstuk]
bretels (mv.)	çiyinbağı	[tʃijınba'ɣı]
zakdoek (de)	cib dəsmalı	['dʒʲip dæsma'lı]

kam (de)	daraq	[da'rah]
haarspeldje (het)	baş sancağı	['baʃ sandʒʲa'ɣı]
schuifspeldje (het)	baş sancağı	['baʃ sandʒʲa'ɣı]
gesp (de)	toqqa	[tok'ka]

| broekriem (de) | kəmər | [kæ'mær] |
| draagriem (de) | kəmərcik | [kæmær'dʒʲik] |

handtas (de)	çanta	[tʃan'ta]
damestas (de)	qadın cantası	[ga'dın tʃanta'sı]
rugzak (de)	arxa çantası	[ar'χa tʃanta'sı]

32. Kleding. Diversen

mode (de)	moda	['moda]
de mode (bn)	dəbdə olan	[dæb'dæ o'lan]
kledingstilist (de)	modelçi	[modɛl'tʃi]

kraag (de)	yaxalıq	[jaχa'lıh]
zak (de)	cib	['dʒʲip]
zak- (abn)	cib	['dʒʲip]
mouw (de)	qol	['gol]
lusje (het)	ilmə asqı	[ilʲ'mæ as'gı]
gulp (de)	miyança	[mijan'tʃa]

rits (de)	zəncir-bənd	[zɛn'dʒʲir 'bænd]
sluiting (de)	bənd	['bænd]
knoop (de)	düymə	[dyj'mæ]
knoopsgat (het)	ilmə	[ilʲ'mæ]
losraken (bijv. knopen)	qopmaq	[gop'mah]

naaien (kleren, enz.)	tikmək	[tik'mæk]
borduren (ww)	naxış tikmək	[na'xıʃ tik'mæk]
borduursel (het)	naxış	[na'xıʃ]
naald (de)	iynə	[ij'næ]
draad (de)	sap	['sap]
naad (de)	tikiş	[ti'kiʃ]

vies worden (ww)	çirklənmək	[tʃirklæn'mæk]
vlek (de)	ləkə	[læ'kæ]
gekreukt raken (ov. kleren)	əzilmək	[æzil'mæk]
scheuren (ov.ww.)	cırmaq	[dʒır'mah]
mot (de)	güvə	[gy'væ]

33. Persoonlijke verzorging. Schoonheidsmiddelen

tandpasta (de)	diş məcunu	['diʃ mædʒy'nu]
tandenborstel (de)	diş fırçası	['diʃ fırtʃa'sı]
tanden poetsen (ww)	dişləri fırçalamaq	[diʃlæ'ri fırtʃala'mah]

scheermes (het)	ülgüc	[ylʲ'gydʒ]
scheerschuim (het)	üz qırxmaq üçün krem	['juz gırx'mah ju'tʃun 'krɛm]
zich scheren (ww)	üzünü qırxmaq	[yzy'ny gırx'mah]

| zeep (de) | sabun | [sa'bun] |
| shampoo (de) | şampun | [ʃam'pun] |

schaar (de)	qayçı	[gaj'tʃı]
nagelvijl (de)	dırnaq üçün kiçik bıçqı	[dır'nah ju'tʃun ki'tʃik bıtʃ'gı]
nagelknipper (de)	dırnaq üçün kiçik kəlbetin	[dır'nah ju'tʃun ki'tʃik kælbæ'tin]
pincet (het)	maqqaş	[mak'kaʃ]

cosmetica (de)	kosmetika	[kos'mɛtika]
masker (het)	maska	[mas'ka]
manicure (de)	manikür	[mani'kyr]
manicure doen	manikür etmək	[mani'kyr ɛt'mæk]
pedicure (de)	pediкür	[pɛdi'kyr]

cosmetica tasje (het)	kosmetika üçün kiçik çanta	[kos'mɛtika ju'tʃun ki'tʃik tʃan'ta]
poeder (de/het)	pudra	[pud'ra]
poederdoos (de)	pudra qabı	[pud'ra ga'bı]
rouge (de)	ənlik	[æn'lik]

parfum (de/het)	ətir	[æ'tir]
eau de toilet (de)	ətirli su	[ætir'li 'su]
lotion (de)	losyon	[lo'sjon]
eau de cologne (de)	odekolon	[odɛko'lon]

oogschaduw (de)	göz ətrafına sürülən boyalar	[gøz ætrafı'na syry'læn boja'lar]
oogpotlood (het)	göz üçün karandaş	[gøz ju'tʃun karan'daʃ]
mascara (de)	kirpik üçün tuş	[kir'pik ju'tʃun 'tuʃ]
lippenstift (de)	dodaq boyası	[do'dah boja'sı]

nagellak (de)	dırnaq üçün lak	[dɪr'nah ju'ʧun 'lak]
haarlak (de)	saç üçün lak	['satʃ ju'ʧun 'lak]
deodorant (de)	dezodorant	[dɛzodo'rant]
crème (de)	krem	['krɛm]
gezichtscrème (de)	üz kremi	['juz krɛ'mi]
handcrème (de)	əl kremi	['æl krɛ'mi]
antirimpelcrème (de)	qırışığa qarşı krem	[gɪrɪʃɪ'ɣa gar'ʃɪ 'krɛm]
dagcrème (de)	gündüz kremi	[gyn'dyz krɛ'mi]
nachtcrème (de)	gecə kremi	[gɛ'ʤʲæ krɛ'mi]
tampon (de)	tampon	[tam'pon]
toiletpapier (het)	tualet kağızı	[tua'lɛt kʲaɣɪ'zɪ]
föhn (de)	fen	['fɛn]

34. Horloges. Klokken

polshorloge (het)	qol saatı	[gol saa'tɪ]
wijzerplaat (de)	siferblat	[sifɛrb'lat]
wijzer (de)	əqrəb	[æg'ræp]
metalen horlogeband (de)	saat biləvziyi	[sa'at bilærzi'jɪ]
horlogebandje (het)	qayış	[ga'jɪʃ]
batterij (de)	batareya	[bata'rɛja]
leeg zijn (ww)	sıradan çıxmaq	[sɪra'dan ʧɪx'mah]
batterij vervangen	batareyanı dəyişmək	[bata'rɛjanɪ dæjɪʃ'mæk]
voorlopen (ww)	irəli getmək	[iræ'li gɛt'mæk]
achterlopen (ww)	geri qalmaq	[gɛ'ri gal'mah]
wandklok (de)	divar saatı	[di'var saa'tɪ]
zandloper (de)	qum saatı	['gum saa'tɪ]
zonnewijzer (de)	günəş saatı	[gy'næʃ saa'tɪ]
wekker (de)	zəngli saat	[zæng'li sa'at]
horlogemaker (de)	saatsaz	[saa'tsaz]
repareren (ww)	təmir etmək	[tæ'mir ɛt'mæk]

Voedsel. Voeding

35. Voedsel

vlees (het)	ət	['æt]
kip (de)	toyuq	[to'juh]
kuiken (het)	cücə	[dʒy'dʒˈæ]
eend (de)	ördək	[ør'dæk]
gans (de)	qaz	['gaz]
wild (het)	ov quşları və heyvanları	['ov guʃla'rı 'væ hɛjvanla'rı]
kalkoen (de)	hind toyuğu	['hind toju'ɣu]
varkensvlees (het)	donuz əti	[do'nuz æ'ti]
kalfsvlees (het)	dana əti	[da'na æ'ti]
schapenvlees (het)	qoyun əti	[go'jun æ'ti]
rundvlees (het)	mal əti	['mal æ'ti]
konijnenvlees (het)	ev dovşanı	['ɛv dovʃa'nı]
worst (de)	kolbasa	[kolba'sa]
saucijs (de)	sosiska	[sosis'ka]
spek (het)	bekon	['bɛkon]
ham (de)	vetçina	[vɛtʃi'na]
gerookte achterham (de)	donuz budu	[do'nuz bu'du]
paté, pastei (de)	paştet	[paʃtɛt]
lever (de)	qara ciyər	[ga'ra dʒˈi'jær]
gehakt (het)	qiymə	[gij'mæ]
tong (de)	dil	['dil]
ei (het)	yumurta	[jumur'ta]
eieren (mv.)	yumurtalar	[jumurta'lar]
eiwit (het)	zülal	[zy'lal]
eigeel (het)	yumurtanın sarısı	[jumurta'nın sarı'sı]
vis (de)	balıq	[ba'lıh]
zeevruchten (mv.)	dəniz məhsulları	[dæ'niz mæhsulla'rı]
kaviaar (de)	kürü	[ky'ry]
krab (de)	qısaquyruq	[gısaguj'ruh]
garnaal (de)	krevet	[krɛ'vɛt]
oester (de)	istridyə	[istri'dˈæ]
langoest (de)	lanqust	[lan'gust]
octopus (de)	səkkizayaqlı ilbiz	[sækkizajag'lı il'biz]
inktvis (de)	kalmar	[kal'mar]
steur (de)	nərə balığı	[næ'ræ balı'ɣı]
zalm (de)	qızılbalıq	[gızılba'lıh]
heilbot (de)	paltus	['paltus]
kabeljauw (de)	treska	[trɛs'ka]
makreel (de)	skumbriya	['skumbrija]

tonijn (de)	tunes	[tu'nɛs]
paling (de)	angvil balığı	[ang'vil balı'ɣı]
forel (de)	alabalıq	[alaba'lıh]
sardine (de)	sardina	[sar'dina]
snoek (de)	durnabalığı	[durnabalı'ɣı]
haring (de)	siyənək	[sijæ'næk]
brood (het)	çörək	[ʧœ'ræk]
kaas (de)	pendir	[pɛn'dir]
suiker (de)	şəkər	[ʃæ'kær]
zout (het)	duz	['duz]
rijst (de)	düyü	[dy'ju]
pasta (de)	makaron	[maka'ron]
noedels (mv.)	ərişte	[æriʃ'tæ]
boter (de)	kərə yağı	[kæ'ræ jaɣı]
plantaardige olie (de)	bitki yağı	[bit'ki ja'ɣı]
zonnebloemolie (de)	günəbaxan yağ	[gynæba'χan jaɣ]
margarine (de)	marqarin	[marga'rin]
olijven (mv.)	zeytun	[zɛj'tun]
olijfolie (de)	zeytun yağı	[zɛj'tun ja'ɣı]
melk (de)	süd	['syd]
gecondenseerde melk (de)	qatılaşdırılmış süd	[gatılaʃdırıl'mıʃ 'syd]
yoghurt (de)	yoqurt	['jogurt]
zure room (de)	xama	[χa'ma]
room (de)	xama	[χa'ma]
mayonaise (de)	mayonez	[majo'nɛz]
crème (de)	krem	['krɛm]
graan (het)	yarma	[jar'ma]
meel (het), bloem (de)	un	['un]
conserven (mv.)	konserv	[kon'sɛrv]
maïsvlokken (mv.)	qarğıdalı yumağı	[garɣıda'lı juma'ɣı]
honing (de)	bal	['bal]
jam (de)	cem	['ʤʲɛm]
kauwgom (de)	saqqız	[sak'kız]

36. Drankjes

water (het)	su	['su]
drinkwater (het)	içməli su	[iʧmæ'li 'su]
mineraalwater (het)	mineral su	[minɛ'ral 'su]
zonder gas	qazsız	[gaz'sız]
koolzuurhoudend (bn)	qazlı	[gaz'lı]
bruisend (bn)	qazlı	[gaz'lı]
IJs (het)	buz	['buz]
met ijs	buzlu	[buz'lʲu]

alcohol vrij (bn)	spirtsiz	[spir'tsiz]
alcohol vrije drank (de)	spirtsiz içki	[spir'tsiz itʃ'ki]
frisdrank (de)	sərinləşdirici içki	[særinlæʃdiri'dʒʲi itʃ'ki]
limonade (de)	limonad	[limo'nad]

alcoholische dranken (mv.)	spirtli içkilər	[spirt'li itʃki'lær]
wijn (de)	çaxır	[tʃa'χɪr]
witte wijn (de)	ağ çaxır	['aɣ tʃa'χɪr]
rode wijn (de)	qırmızı çaxır	[gɪrmɪ'zɪ tʃa'χɪr]

likeur (de)	likyor	[li'kʲor]
champagne (de)	şampan	[ʃam'pan]
vermout (de)	vermut	['vɛrmut]

whisky (de)	viski	['viski]
wodka (de)	araq	[a'rah]
gin (de)	cin	['dʒʲin]
cognac (de)	konyak	[ko'njak]
rum (de)	rom	['rom]

koffie (de)	qəhvə	[gæh'væ]
zwarte koffie (de)	qara qəhvə	[ga'ra gæh'væ]
koffie (de) met melk	südlü qəhvə	[syd'ly gæh'væ]
cappuccino (de)	xamalı qəhvə	[χama'lɪ gæh'væ]
oploskoffie (de)	tez həll olunan qəhvə	['tɛz 'hæll olʲu'nan gæh'væ]

melk (de)	süd	['syd]
cocktail (de)	kokteyl	[kok'tɛjl]
milkshake (de)	südlü kokteyl	[syd'ly kok'tɛjl]

sap (het)	şirə	[ʃi'ræ]
tomatensap (het)	tomat şirəsi	[to'mat ʃiræ'si]
sinaasappelsap (het)	portağal şirəsi	[porta'ɣal ʃiræ'si]
vers geperst sap (het)	təzə sıxılmış şirə	[tæ'zæ sɪχɪl'mɪʃ ʃi'ræ]

bier (het)	pivə	[pi'væ]
licht bier (het)	açıq rəngli pivə	[a'tʃɪh ræng'li pi'væ]
donker bier (het)	tünd rəngli pivə	['tynd ræng'li pi'væ]

thee (de)	çay	['tʃaj]
zwarte thee (de)	qara çay	[ga'ra 'tʃaj]
groene thee (de)	yaşıl çay	[ja'ʃɪl 'tʃaj]

37. Groenten

groenten (mv.)	tərəvəz	[tæræ'væz]
verse kruiden (mv.)	göyərti	[gøjær'ti]

tomaat (de)	pomidor	[pomi'dor]
augurk (de)	xiyar	[χi'jar]
wortel (de)	kök	['køk]
aardappel (de)	kartof	[kar'tof]
ui (de)	soğan	[so'ɣan]
knoflook (de)	sarımsaq	[sarɪm'sah]

kool (de)	kələm	[kæ'læm]
bloemkool (de)	gül kələm	['gylʲ kæ'læm]
spruitkool (de)	Brüssel kələmi	['bryssɛl kælæ'mi]
broccoli (de)	brokkoli kələmi	['brokkoli kælæ'mi]
rode biet (de)	çuğundur	[tʃuɣun'dur]
aubergine (de)	badımcan	[badım'dʒʲan]
courgette (de)	yunan qabağı	[ju'nan gaba'ɣı]
pompoen (de)	balqabaq	[balga'bah]
raap (de)	şalğam	[ʃal'ɣam]
peterselie (de)	petruşka	[pɛtruʃka]
dille (de)	şüyüt	[ʃy'jut]
sla (de)	salat	[sa'lat]
selderij (de)	kərəviz	[kæræ'viz]
asperge (de)	qulançar	[gulan'tʃar]
spinazie (de)	ispanaq	[ispa'nah]
erwt (de)	noxud	[no'χud]
bonen (mv.)	paxla	[paχ'la]
maïs (de)	qarğıdalı	[garɣıda'lı]
boon (de)	lobya	[lo'bja]
peper (de)	bibər	[bi'bær]
radijs (de)	turp	['turp]
artisjok (de)	ənginar	[æŋgi'nar]

38. Vruchten. Noten

vrucht (de)	meyvə	[mɛj'væ]
appel (de)	alma	[al'ma]
peer (de)	armud	[ar'mud]
citroen (de)	limon	[li'mon]
sinaasappel (de)	portağal	[porta'ɣal]
aardbei (de)	bağ çiyələyi	['baɣ tʃijælæ'jı]
mandarijn (de)	mandarin	[manda'rin]
pruim (de)	gavalı	[gava'lı]
perzik (de)	şaftalı	[ʃafta'lı]
abrikoos (de)	ərik	[æ'rik]
framboos (de)	moruq	[mo'ruh]
ananas (de)	ananas	[ana'nas]
banaan (de)	banan	[ba'nan]
watermeloen (de)	qarpız	[gar'pız]
druif (de)	üzüm	[y'zym]
zure kers (de)	albalı	[alba'lı]
zoete kers (de)	gilas	[gi'las]
meloen (de)	yemiş	[ɛ'miʃ]
grapefruit (de)	qreypfrut	['grɛjpfrut]
avocado (de)	avokado	[avo'kado]
papaja (de)	papaya	[pa'paja]
mango (de)	manqo	['mango]

granaatappel (de)	nar	['nar]
rode bes (de)	qırmızı qarağat	[gɪrmɪ'zɪ gara'ɣat]
zwarte bes (de)	qara qarağat	[ga'ra gara'ɣat]
kruisbes (de)	krıjovnik	[krɪ'ʒovnik]
bosbes (de)	qaragilə	[garagi'læ]
braambes (de)	böyürtkən	[bøyrt'kæn]
rozijn (de)	kişmiş	[kiʃ'miʃ]
vijg (de)	əncir	[æn'dʒir]
dadel (de)	xurma	[χur'ma]
pinda (de)	araxis	[a'raχis]
amandel (de)	badam	[ba'dam]
walnoot (de)	qoz	['goz]
hazelnoot (de)	fındıq	[fɪn'dɪh]
kokosnoot (de)	kokos	[ko'kos]
pistaches (mv.)	püstə	[pys'tæ]

39. Brood. Snoep

suikerbakkerij (de)	qənnadı məmulatı	[gænna'dɪ mæmula'tɪ]
brood (het)	çörək	[tʃœ'ræk]
koekje (het)	peçenye	[pɛ'tʃɛnjɛ]
chocolade (de)	şokolad	[ʃoko'lad]
chocolade- (abn)	şokolad	[ʃoko'lad]
snoepje (het)	konfet	[kon'fɛt]
cakeje (het)	pirojna	[piroʒ'na]
taart (bijv. verjaardags~)	tort	['tort]
pastei (de)	piroq	[pi'roh]
vulling (de)	iç	['itʃ]
confituur (de)	mürəbbə	[myræb'bæ]
marmelade (de)	marmelad	[marmɛ'lad]
wafel (de)	vafli	[vaf'li]
IJsje (het)	dondurma	[dondur'ma]

40. Bereide gerechten

gerecht (het)	yemək	[ɛ'mæk]
keuken (bijv. Franse ~)	mətbəx	[mæt'bæχ]
recept (het)	resept	[rɛ'sɛpt]
portie (de)	porsiya	['porsija]
salade (de)	salat	[sa'lat]
soep (de)	şorba	[ʃor'ba]
bouillon (de)	ətin suyu	[æ'tin su'ju]
boterham (de)	buterbrod	[butɛr'brod]
spiegelei (het)	qayqanaq	[gajga'nah]
hamburger (de)	hamburqer	['hamburgɛr]

biefstuk (de)	bifşteks	[bifʃ'tɛks]
garnering (de)	qarnir	[gar'nir]
spaghetti (de)	spaqetti	[spa'gɛtti]
aardappelpuree (de)	kartof püresi	[kar'tof pyrɛ'si]
pizza (de)	pitsa	['pitsa]
pap (de)	sıyıq	[sɪ'jɪh]
omelet (de)	omlet	[om'lɛt]
gekookt (in water)	bişmiş	[biʃ'miʃ]
gerookt (bn)	hisə verilmiş	[hi'sæ vɛril'miʃ]
gebakken (bn)	qızardılmış	[gɪzardɪl'mɪʃ]
gedroogd (bn)	quru	[gu'ru]
diepvries (bn)	dondurulmuş	[dondurul'muʃ]
gemarineerd (bn)	duza qoyulmuş	[du'za gojul'muʃ]
zoet (bn)	şirin	[ʃi'rin]
gezouten (bn)	duzlu	[duz'lʲu]
koud (bn)	soyuq	[so'juh]
heet (bn)	isti	[is'ti]
bitter (bn)	acı	[a'dʒʲɪ]
lekker (bn)	dadlı	[dad'lɪ]
koken (in kokend water)	bişirmək	[biʃir'mæk]
bereiden (avondmaaltijd ~)	hazırlamaq	[hazɪrla'mah]
bakken (ww)	qızartmaq	[gɪzart'mah]
opwarmen (ww)	qızdırmaq	[gɪzdɪr'mah]
zouten (ww)	duz vurmaq	['duz vur'mah]
peperen (ww)	istiot vurmaq	[isti'ot vur'mah]
raspen (ww)	sürtkəcdə xırdalamaq	[syrtkædʒ'dæ χɪrdala'mah]
schil (de)	qabıq	[ga'bɪh]
schillen (ww)	qabığını soymaq	[gabɪɣɪ'nɪ soj'mah]

41. Kruiden

zout (het)	duz	['duz]
gezouten (bn)	duzlu	[duz'lʲu]
zouten (ww)	duz vurmaq	['duz vur'mah]
zwarte peper (de)	qara istiot	[ga'ra isti'ot]
rode peper (de)	qırmızı istiot	[gɪrmɪ'zɪ isti'ot]
mosterd (de)	xardal	[χar'dal]
mierikswortel (de)	qıtığotu	[gɪtɪɣo'tu]
condiment (het)	yeməyə dad verən əlavə	[ɛmæ'jæ 'dad vɛ'ræn æla'væ]
specerij, kruiderij (de)	ədviyyat	[ædvi'at]
saus (de)	sous	['sous]
azijn (de)	sirkə	[sir'kæ]
anijs (de)	cirə	[dʒi'ræ]
basilicum (de)	reyhan	[rɛj'han]
kruidnagel (de)	mixək	[mi'χæk]
gember (de)	zəncəfil	[zændʒʲæ'fil]
koriander (de)	keşniş	[kɛʃ'niʃ]

kaneel (de/het)	darçın	[dar'tʃın]
sesamzaad (het)	küncüt	[kyn'dʒyt]
laurierblad (het)	dəfnə yarpağı	[dæf'næ jarpa'ɣı]
paprika (de)	paprika	['paprika]
komijn (de)	zirə	[zi'ræ]
saffraan (de)	zəfəran	[zæfæ'ran]

42. Maaltijden

eten (het)	yemək	[ɛ'mæk]
eten (ww)	yemək	[ɛ'mæk]
ontbijt (het)	səhər yeməyi	[sæ'hær ɛmɛ'jı]
ontbijten (ww)	səhər yeməyi yemək	[sæ'hær ɛmæ'jı ɛ'mæk]
lunch (de)	nahar	[na'har]
lunchen (ww)	nahar etmək	[na'har ɛt'mæk]
avondeten (het)	axşam yeməyi	[ax'ʃam ɛmɛ'jı]
souperen (ww)	axşam yeməyi yemək	[ax'ʃam ɛmæ'jı ɛ'mæk]
eetlust (de)	iştaha	[iʃta'ha]
Eet smakelijk!	Nuş olsun!	['nuʃ ol'sun]
openen (een fles ~)	açmaq	[atʃ'mah]
morsen (koffie, enz.)	tökmək	[tøk'mæk]
zijn gemorst	tökülmək	[tøkyl'mæk]
koken (water kookt bij 100°C)	qaynamaq	[gajna'mah]
koken (Hoe om water te ~)	qaynatmaq	[gajnat'mah]
gekookt (~ water)	qatnamış	[gajna'mıʃ]
afkoelen (koeler maken)	soyutmaq	[sojut'mah]
afkoelen (koeler worden)	soyumaq	[soju'mah]
smaak (de)	dad	['dad]
nasmaak (de)	dad	['dad]
volgen een dieet	pəhriz saxlamaq	[pæh'riz saχla'mah]
dieet (het)	pəhriz	[pæh'riz]
vitamine (de)	vitamin	[vita'min]
calorie (de)	kaloriya	[ka'lorija]
vegetariër (de)	ət yeməyən adam	['æt 'ɛmæjæn a'dam]
vegetarisch (bn)	ətsiz xörək	[æ'tsiz χø'ræk]
vetten (mv.)	yağlar	[ja'ɣlar]
eiwitten (mv.)	zülallar	[zylal'lar]
koolhydraten (mv.)	karbohidratlar	[karbohidrat'lar]
snede (de)	dilim	[di'lim]
stuk (bijv. een ~ taart)	tikə	[ti'kæ]
kruimel (de)	qırıntı	[gırın'tı]

43. Tafelschikking

lepel (de)	qaşıq	[ga'ʃıh]
mes (het)	bıçaq	[bı'tʃah]

vork (de)	çəngəl	[ʧæ'ngæl]
kopje (het)	fincan	[fin'dʒʲan]
bord (het)	boşqab	[boʃgap]
schoteltje (het)	nəlbəki	[nælbæ'ki]
servet (het)	salfetka	[salfɛt'ka]
tandenstoker (de)	dişqurdalayan	[diʃgurdala'jan]

44. Restaurant

restaurant (het)	restoran	[rɛsto'ran]
koffiehuis (het)	qəhvəxana	[gæhvæχa'na]
bar (de)	bar	['bar]
tearoom (de)	çay salonu	['ʧaj salo'nu]
kelner, ober (de)	ofisiant	[ofisi'ant]
serveerster (de)	ofisiant qız	[ofisi'ant 'gɪz]
barman (de)	barmen	['barmɛn]
menu (het)	menyu	[mɛ'nju]
wijnkaart (de)	çaxırlar kartı	[ʧaχɪr'lar kar'tɪ]
een tafel reserveren	masa sifarişi etmək	[ma'sa sifa'riʃ ɛt'mæk]
gerecht (het)	yemək	[ɛ'mæk]
bestellen (eten ~)	yemək sifarişi etmək	[ɛ'mæk sifa'riʃ æt'mæk]
een bestelling maken	sifariş etmək	[sifa'riʃ ɛt'mæk]
aperitief (de/het)	aperitiv	[apɛri'tiv]
voorgerecht (het)	qəlyanaltı	[gæ'ljanaltɪ]
dessert (het)	desert	[dɛ'sɛrt]
rekening (de)	hesab	[hɛ'sap]
de rekening betalen	hesabı ödəmək	[hɛsa'bɪ ødæ'mæk]
wisselgeld teruggeven	pulun artığını qaytarmaq	[pu'lʲun artɪɣɪ'nɪ gajtar'mah]
fooi (de)	çaypulu	[ʧajpu'lʲu]

Familie, verwanten en vrienden

45. Persoonlijke informatie. Formulieren

naam (de)	ad	['ad]
achternaam (de)	soyadı	['sojadı]
geboortedatum (de)	anadan olduğu tarix	[ana'dan oldu'ɣu ta'rix]
geboorteplaats (de)	anadan olduğu yer	[ana'dan oldu'ɣu 'ɛr]
nationaliteit (de)	milliyəti	[millijæ'ti]
woonplaats (de)	yaşayış yeri	[jaʃa'jıʃ jɛ'ri]
land (het)	ölkə	[øl'kæ]
beroep (het)	peşəsi	[pɛʃæ'si]
geslacht (ov. het vrouwelijk ~)	cinsi	[dʒⁱin'si]
lengte (de)	boyu	[bo'ju]
gewicht (het)	çəki	[tʃæ'ki]

46. Familieleden. Verwanten

moeder (de)	ana	[a'na]
vader (de)	ata	[a'ta]
zoon (de)	oğul	[o'ɣul]
dochter (de)	qız	['gız]
jongste dochter (de)	kiçik qız	[ki'tʃik 'gız]
jongste zoon (de)	kiçik oğul	[kitʃik o'ɣul]
oudste dochter (de)	böyük qız	[bø'juk 'gız]
oudste zoon (de)	böyük oğul	[bøyk o'ɣul]
broer (de)	qardaş	[gar'daʃ]
zuster (de)	bacı	[ba'dʒⁱı]
neef (zoon van oom, tante)	xalaoğlu	[χalao'ɣˡʲu]
nicht (dochter van oom, tante)	xalaqızı	[χalagı'zı]
mama (de)	ana	[a'na]
papa (de)	ata	[a'ta]
ouders (mv.)	valideynlər	[validɛjn'lær]
kind (het)	uşaq	[u'ʃah]
kinderen (mv.)	uşaqlar	[uʃag'lar]
oma (de)	nənə	[næ'næ]
opa (de)	baba	[ba'ba]
kleinzoon (de)	nəvə	[næ'væ]
kleindochter (de)	nəvə	[næ'væ]
kleinkinderen (mv.)	nəvələr	[nævæ'lær]

oom (de)	dayı	[da'jı]
tante (de)	xala	[χa'la]
neef (zoon van broer, zus)	bacıoğlu	[badʒʲıo'ɣlʲu]
nicht (dochter van broer, zus)	bacıqızı	[badʒʲıgı'zı]
schoonmoeder (de)	qayınana	[gajına'na]
schoonvader (de)	qayınata	[gajna'ta]
schoonzoon (de)	yeznə	[ɛz'næ]
stiefmoeder (de)	analıq	[ana'lıh]
stiefvader (de)	atalıq	[ata'lıh]
zuigeling (de)	südəmər uşaq	[sydæ'mær u'ʃah]
wiegenkind (het)	çağa	[tʃa'ɣa]
kleuter (de)	körpə	[kør'pæ]
vrouw (de)	arvad	[ar'vad]
man (de)	ər	['ær]
echtgenoot (de)	həyat yoldaşı	[hæ'jat jolda'ʃı]
echtgenote (de)	həyat yoldaşı	[hæ'jat jolda'ʃı]
gehuwd (mann.)	evli	[ɛv'li]
gehuwd (vrouw.)	ərli qadın	[ær'li ga'dın]
ongehuwd (mann.)	subay	[su'baj]
vrijgezel (de)	subay	[su'baj]
gescheiden (bn)	boşanmış	[boʃan'mıʃ]
weduwe (de)	dul qadın	['dul ga'dın]
weduwnaar (de)	dul kişi	['dul ki'ʃi]
familielid (het)	qohum	[go'hum]
dichte familielid (het)	yaxın qohum	[ja'χın go'hum]
verre familielid (het)	uzaq qohum	[u'zah go'hum]
familieleden (mv.)	qohumlar	[gohum'lar]
wees (de), weeskind (het)	yetim	[ɛ'tim]
voogd (de)	himayəçi	[himajæ'tʃi]
adopteren (een jongen te ~)	oğulluğa götürmək	[oɣulʲu'ɣa gøtyr'mæk]
adopteren (een meisje te ~)	qızlığa götürmək	[gızlı'ɣa gøtyr'mæk]

Geneeskunde

47. Ziekten

ziekte (de)	xəstəlik	[χæstæ'lik]
ziek zijn (ww)	xəstə olmaq	[χæs'tæ ol'mah]
gezondheid (de)	sağlamlıq	[saɣlam'lıh]

snotneus (de)	zökəm	[zø'kæm]
angina (de)	angina	[a'ngina]
verkoudheid (de)	soyuqdəymə	[sojugdæj'mæ]
verkouden raken (ww)	özünü soyuğa vermək	[øzy'ny soju'ɣa vɛr'mæk]

bronchitis (de)	bronxit	[bron'χit]
longontsteking (de)	sətəlcəm	[sætæl'dʒʲæm]
griep (de)	qrip	['grip]

bijziend (bn)	uzağı görməyən	[uza'ɣı 'gørmæjæn]
verziend (bn)	uzağı yaxşı görən	[uza'ɣı jaχ'ʃı gø'ræn]
scheelheid (de)	çəpgözlük	[tʃæpgøz'lyk]
scheel (bn)	çəpgöz	[tʃæp'gøz]
grauwe staar (de)	katarakta	[kata'rakta]
glaucoom (het)	qlaukoma	[glau'koma]

beroerte (de)	insult	[in'sulʲt]
hartinfarct (het)	infarkt	[in'farkt]
myocardiaal infarct (het)	miokard infarktı	[mio'kard infark'tı]
verlamming (de)	iflic	[if'lidʒʲ]
verlammen (ww)	iflic olmaq	[if'lidʒʲ ol'mah]

allergie (de)	allergiya	[allɛr'gija]
astma (de/het)	astma	['astma]
diabetes (de)	diabet	[dia'bɛt]

tandpijn (de)	diş ağrısı	['diʃ aɣrı'sı]
tandbederf (het)	kariyes	['kariɛs]

diarree (de)	diareya	[dia'rɛja]
constipatie (de)	qəbizlik	[gæbiz'lik]
maagstoornis (de)	mədə pozuntusu	[mæ'dæ pozuntu'su]
voedselvergiftiging (de)	zəhərlənmə	[zæhærlæn'mæ]
voedselvergiftiging oplopen	qidadan zəhərlənmək	[gida'dan zæhærlæn'mæk]

artritis (de)	artrit	[art'rit]
rachitis (de)	raxit	[ra'χit]
reuma (het)	revmatizm	[rɛvma'tizm]
arteriosclerose (de)	ateroskleroz	[atɛrosklɛ'roz]

gastritis (de)	qastrit	[gast'rit]
blindedarmontsteking (de)	appendisit	[appɛndi'sit]

galblaasontsteking (de)	xolesistit	[χolɛsis'tit]
zweer (de)	xora	[χo'ra]

mazelen (mv.)	qızılca	[gızıl'dʒʲa]
rodehond (de)	məxmərək	[mæχmæ'ræk]
geelzucht (de)	sarılıq	[sarı'lıh]
leverontsteking (de)	hepatit	[hɛpa'tit]

schizofrenie (de)	şizofreniya	[ʃizofrɛ'nija]
dolheid (de)	quduzluq	[guduz'ɫuh]
neurose (de)	nevroz	[nɛv'roz]
hersenschudding (de)	beyin sarsıntısı	[bɛ'jın sarsıntı'sı]

kanker (de)	rak	['rak]
sclerose (de)	skleroz	[sklɛ'roz]
multiple sclerose (de)	dağınıq skleroz	[dayı'nıh sklɛ'roz]

alcoholisme (het)	əyyaşlıq	[æjaʃ'lıh]
alcoholicus (de)	əyyaş	[æ'jaʃ]
syfilis (de)	sifilis	['sifilis]
AIDS (de)	QİÇS	['gitʃs]

tumor (de)	şiş	['ʃiʃ]
kwaadaardig (bn)	bədxassəli	['bædχas'sæli]
goedaardig (bn)	xoşxassəli	[χoʃχas'sæli]

koorts (de)	qızdırma	[gızdır'ma]
malaria (de)	malyariya	[malʲa'rija]
gangreen (het)	qanqrena	[gang'rɛna]
zeeziekte (de)	dəniz xəstəliyi	[dæ'niz χæstæli'jı]
epilepsie (de)	epilepsiya	[ɛpi'lɛpsija]

epidemie (de)	epidemiya	[ɛpi'dɛmija]
tyfus (de)	yatalaq	[jata'lah]
tuberculose (de)	vərəm	[væ'ræm]
cholera (de)	vəba	[væ'ba]
pest (de)	taun	[ta'un]

48. Symptomen. Behandelingen. Deel 1

symptoom (het)	əlamət	[æla'mæt]
temperatuur (de)	qızdırma	[gızdır'ma]
verhoogde temperatuur (de)	yüksək qızdırma	[jyk'sæk gızdır'ma]
polsslag (de)	nəbz	['næbz]

duizeling (de)	başgicəllənməsi	[baʃgidʒʲællænmæ'si]
heet (erg warm)	isti	[is'ti]
koude rillingen (mv.)	titrəmə	[titræ'mæ]
bleek (bn)	rəngi ağarmış	[ræ'ngi aɣar'mıʃ]

hoest (de)	öskürək	[øsky'ræk]
hoesten (ww)	öskürmək	[øskyr'mæk]
niezen (ww)	asqırmaq	[asgır'mah]
flauwte (de)	bihuşluq	[bihuʃ'ɫuh]

flauwvallen (ww)	huşunu itirmək	['huʃunu itir'mæk]
blauwe plek (de)	qançır	[gan'tʃır]
buil (de)	şiş	['ʃiʃ]
zich stoten (ww)	dəymək	[dæj'mæk]
kneuzing (de)	zədələmə	[zædælæ'mæ]
kneuzen (gekneusd zijn)	zədələnmək	[zædælæn'mæk]
hinken (ww)	axsamaq	[axsa'mah]
verstuiking (de)	burxulma	[burχul'ma]
verstuiken (enkel, enz.)	burxutmaq	[burχut'mah]
breuk (de)	sınıq	[sı'nıh]
een breuk oplopen	sındırmaq	[sındır'mah]
snijwond (de)	kəsik	[kæ'sik]
zich snijden (ww)	kəsmək	[kæs'mæk]
bloeding (de)	qanaxma	[ganaχ'ma]
brandwond (de)	yanıq	[ja'nıh]
zich branden (ww)	yanmaq	[jan'mah]
prikken (ww)	batırmaq	[batır'mah]
zich prikken (ww)	batırmaq	[batır'mah]
blesseren (ww)	zədələmək	[zædælæ'mæk]
blessure (letsel)	zədə	[zæ'dæ]
wond (de)	yara	[ja'ra]
trauma (het)	travma	['travma]
ijlen (ww)	sayıqlamaq	[sajıgla'mah]
stotteren (ww)	kəkələmək	[kækælæ'mæk]
zonnesteek (de)	gün vurması	['gyn vurma'sı]

49. Symptomen. Behandelingen. Deel 2

pijn (de)	ağrı	[a'ɣrı]
splinter (de)	tikan	[ti'kan]
zweet (het)	tər	['tær]
zweten (ww)	tərləmək	[tærlæ'mæk]
braking (de)	qusma	[gus'ma]
stuiptrekkingen (mv.)	qıc	['gıdʒ]
zwanger (bn)	hamilə	[hami'læ]
geboren worden (ww)	anadan olmaq	[ana'dan ol'mah]
geboorte (de)	doğuş	[do'ɣuʃ]
baren (ww)	doğmaq	[do'ɣmah]
abortus (de)	uşaq saldırma	[u'ʃah saldır'ma]
ademhaling (de)	tənəffüs	[tænæf'fys]
inademing (de)	nəfəs alma	[næ'fæs al'ma]
uitademing (de)	nəfəs vermə	[næ'fæs vɛr'mæ]
uitademen (ww)	nəfəs vermək	[næ'fæs vɛr'mæk]
inademen (ww)	nəfəs almaq	[næ'fæs al'mah]
invalide (de)	əlil	[æ'lil]
gehandicapte (de)	şikəst	[ʃi'kæst]

drugsverslaafde (de)	narkoman	[narko'man]
doof (bn)	kar	['kar]
stom (bn)	lal	['lal]
doofstom (bn)	lal-kar	['lal 'kar]

krankzinnig (bn)	dəli	[dæ'li]
krankzinnige (man)	dəli	[dæ'li]
krankzinnige (vrouw)	dəli	[dæ'li]
krankzinnig worden	dəli olmaq	[dæ'li ol'mah]

gen (het)	gen	['gɛn]
immuniteit (de)	immunitet	[immuni'tɛt]
erfelijk (bn)	irsi	[ir'si]
aangeboren (bn)	anadangəlmə	[anadangæl'mæ]

virus (het)	virus	['virus]
microbe (de)	mikrob	[mik'rop]
bacterie (de)	bakteriya	[bak'tɛrija]
infectie (de)	infeksiya	[in'fɛksija]

50. Symptomen. Behandelingen. Deel 3

ziekenhuis (het)	xəstəxana	[xæstæxa'na]
patiënt (de)	pasiyent	[pasi'ɛnt]

diagnose (de)	diaqnoz	[di'agnoz]
genezing (de)	müalicə	[myali'ʤʲæ]
onder behandeling zijn	müalicə olunmaq	[myali'ʤʲæ olʲun'mah]
behandelen (ww)	müalicə etmək	[myali'ʤʲæ ɛt'mæk]
zorgen (zieken ~)	xəstəyə qulluq etmək	[xæstæ'jæ gul'lʲuh ɛt'mæk]
ziekenzorg (de)	xəstəyə qulluq	[xæstæ'jæ gul'lʲuh]

operatie (de)	əməliyyat	[æmæli'at]
verbinden (een arm ~)	sarğı bağlamaq	[sar'ɣɪ baɣla'mah]
verband (het)	sarğı	[sar'ɣɪ]

vaccin (het)	peyvənd	[pɛj'vænd]
inenten (vaccineren)	peyvənd etmək	[pɛj'vænd æt'mæk]
injectie (de)	iynə	[ij'næ]
een injectie geven	iynə vurmaq	[ij'næ vur'mah]

amputatie (de)	amputasiya	[ampu'tasija]
amputeren (ww)	amputasiya etmək	[ampu'tasija ɛt'mæk]
coma (het)	koma	['koma]
in coma liggen	komaya düşmək	['komaja dyʃ'mæk]
intensieve zorg, ICU (de)	reanimasiya	[rɛani'masija]

zich herstellen (ww)	sağalmaq	[saɣal'mah]
toestand (de)	vəziyyət	[væzi'æt]
bewustzijn (het)	huş	['huʃ]
geheugen (het)	yaddaş	[jad'daʃ]

trekken (een kies ~)	çəkdirmək	[ʧækdir'mæk]
vulling (de)	plomb	['plomp]

vullen (ww)	plomblamaq	[plombla'mah]
hypnose (de)	hipnoz	[hip'noz]
hypnotiseren (ww)	hipnoz etmək	[hip'noz ɛt'mæk]

51. Artsen

dokter, arts (de)	həkim	[hæ'kim]
ziekenzuster (de)	tibb bacısı	['tibp badʒˈıˈsı]
lijfarts (de)	şəxsi həkim	[ʃæχ'si hæ'kim]

tandarts (de)	diş həkimi	['diʃ hæki'mi]
oogarts (de)	göz həkimi	[gøz hæki'mi]
therapeut (de)	terapevt	[tɛra'pɛvt]
chirurg (de)	cərrah	[dʒˈær'rah]

psychiater (de)	psixiatr	[psiχi'atr]
pediater (de)	pediatr	[pɛdi'atr]
psycholoog (de)	psixoloq	[psi'χoloh]
gynaecoloog (de)	ginekoloq	[ginɛ'koloh]
cardioloog (de)	kardioloq	[kardi'oloh]

52. Geneeskunde. Medicijnen. Accessoires

geneesmiddel (het)	dərman	[dær'man]
middel (het)	dava	[da'va]
voorschrijven (ww)	yazmaq	[jaz'mah]
recept (het)	resept	[rɛ'sɛpt]

tablet (de/het)	həb	['hæp]
zalf (de)	məlhəm	[mæl'hæm]
ampul (de)	ampula	['ampula]
drank (de)	mikstura	[miks'tura]
siroop (de)	sirop	[si'rop]
pil (de)	həb	['hæp]
poeder (de/het)	toz dərman	['toz dær'man]

verband (het)	bint	['bint]
watten (mv.)	pambıq	[pam'bıh]
jodium (het)	yod	['jod]
pleister (de)	yapışan məlhəm	[japı'ʃan mæl'hæm]
pipet (de)	damcıtökən	[damdʒˈıtø'kæn]
thermometer (de)	termometr	[tɛr'momɛtr]
spuit (de)	şpris	['ʃpris]

| rolstoel (de) | əlil arabası | [æ'lil araba'sı] |
| krukken (mv.) | qoltuqağacı | [goltugaɣa'dʒˈı] |

pijnstiller (de)	ağrıkəsici	[aɣrıkæsi'dʒˈi]
laxeermiddel (het)	işlətmə dərmanı	[iʃlæt'mæ dærma'nı]
spiritus (de)	spirt	['spirt]
medicinale kruiden (mv.)	bitki	[bit'ki]
kruiden- (abn)	bitki	[bit'ki]

HET MENSELIJKE LEEFGEBIED

Stad

53. Stad. Het leven in de stad

stad (de)	şəhər	[ʃæ'hær]
hoofdstad (de)	paytaxt	[paj'taχt]
dorp (het)	kənd	['kænd]
plattegrond (de)	şəhərin planı	[ʃæhæ'rin pla'nı]
centrum (ov. een stad)	şəhərin mərkəzi	[ʃæhæ'rin mærkæ'zi]
voorstad (de)	şəhərətrafı qəsəbə	[ʃæhærætra'fı gæsæ'bæ]
voorstads- (abn)	şəhərətrafı	[ʃæhærætra'fı]
randgemeente (de)	kənar	[kæ'nar]
omgeving (de)	ətraf yerlər	[æt'raf ɛr'lɛr]
blok (huizenblok)	məhəllə	[mæhæl'læ]
woonwijk (de)	yaşayış məhəlləsi	[jaʃa'jıʃ mæhællæ'si]
verkeer (het)	hərəkət	[hæræ'kæt]
verkeerslicht (het)	svetofor	[svɛto'for]
openbaar vervoer (het)	şəhər nəqliyyatı	[ʃæ'hær næglia'tı]
kruispunt (het)	dörd yol ağzı	[dørd 'jol a'ɣzı]
zebrapad (oversteekplaats)	keçid	[kɛ'tʃid]
onderdoorgang (de)	yeraltı keçid	[ɛral'tı kɛ'tʃid]
oversteken (de straat ~)	keçmək	[kɛtʃ'mæk]
voetganger (de)	piyada gedən	[pija'da gɛ'dæn]
trottoir (het)	küçə səkisi	[ky'tʃæ sæki'si]
brug (de)	körpü	[kør'py]
dijk (de)	sahil küçəsi	[sa'hil kytʃæ'si]
fontein (de)	fəvvarə	['fævva'ræ]
allee (de)	xiyaban	[χija'ban]
park (het)	park	['park]
boulevard (de)	bulvar	[bul'var]
plein (het)	meydan	[mɛj'dan]
laan (de)	prospekt	[pros'pɛkt]
straat (de)	küçə	[ky'tʃæ]
zijstraat (de)	döngə	[dø'ngæ]
doodlopende straat (de)	dalan	[da'lan]
huis (het)	ev	['ɛv]
gebouw (het)	bina	[bi'na]
wolkenkrabber (de)	göydələn	[gøjdæ'læn]
gevel (de)	fasad	[fa'sad]
dak (het)	dam	['dam]

venster (het)	pəncərə	[pænʤʲæ'ræ]
boog (de)	arka	['arka]
pilaar (de)	sütun	[sy'tun]
hoek (ov. een gebouw)	tin	['tin]

vitrine (de)	vitrin	[vit'rin]
gevelreclame (de)	lövhə	[løv'hæ]
affiche (de/het)	afişa	[a'fiʃa]
reclameposter (de)	reklam plakatı	[rɛk'lam plaka'tı]
aanplakbord (het)	reklam lövhəsi	[rɛk'lam løvhæ'si]

vuilnis (de/het)	tullantılar	[tullantı'lar]
vuilnisbak (de)	urna	['urna]
afval weggooien (ww)	zibilləmək	[zibillæ'mæk]
stortplaats (de)	zibil tökülən yer	[zi'bil tøky'læn 'ɛr]

telefooncel (de)	telefon budkası	[tɛlɛ'fon budka'sı]
straatlicht (het)	fənərli dirək	[fænær'li di'ræk]
bank (de)	skamya	[skam'ja]

politieagent (de)	polis işçisi	[po'lis iʃtʃi'si]
politie (de)	polis	[po'lis]
zwerver (de)	dilənçi	[dilæn'tʃi]
dakloze (de)	evsiz-eşiksiz	[ɛv'siz æʃik'siz]

54. Stedelijke instellingen

winkel (de)	mağaza	[ma'ɣaza]
apotheek (de)	aptek	[ap'tɛk]
optiek (de)	optik cihazlar	[op'tik ʤihaz'lar]
winkelcentrum (het)	ticarət mərkəzi	[tiʤʲa'ræt mærkæ'zi]
supermarkt (de)	supermarket	[supɛr'markɛt]

bakkerij (de)	çörəkçixana	[tʃœræktʃiχa'na]
bakker (de)	çörəkçi	['tʃœræk'tʃi]
banketbakkerij (de)	şirniyyat mağazası	[ʃirni'at ma'ɣazası]
kruidenier (de)	bakaleya mağazası	[baka'lɛja ma'ɣazası]
slagerij (de)	ət dükanı	['æt dyka'nı]

| groentewinkel (de) | tərəvəz dükanı | [tæræ'væz dyka'nı] |
| markt (de) | bazar | [ba'zar] |

koffiehuis (het)	kafe	[ka'fɛ]
restaurant (het)	restoran	[rɛsto'ran]
bar (de)	pivəxana	[pivæχa'na]
pizzeria (de)	pitseriya	[pitsɛ'rija]

kapperssalon (de/het)	bərbərxana	[bærbærχa'na]
postkantoor (het)	poçt	['potʃt]
stomerij (de)	kimyəvi təmizləmə	[kimjæ'vi tæmizlæ'mæ]
fotostudio (de)	fotoatelye	[fotoatɛ'ljɛ]

| schoenwinkel (de) | ayaqqabı mağazası | [ajakka'bı ma'ɣazası] |
| boekhandel (de) | kitab mağazası | [ki'tap ma'ɣazası] |

sportwinkel (de)	idman malları mağazası	[id'man malla'rı ma'ɣazası]
kledingreparatie (de)	paltarların təmiri	[paltarla'rın tæmi'ri]
kledingverhuur (de)	paltarların kirayəsi	[paltarla'rın kirajæ'si]
videotheek (de)	filmlərin kirayəsi	[filmlæ'rin kirajæ'si]
circus (de/het)	sirk	['sirk]
dierentuin (de)	heyvanat parkı	[hɛjva'nat par'kı]
bioscoop (de)	kinoteatr	[kinotɛ'atr]
museum (het)	muzey	[mu'zɛj]
bibliotheek (de)	kitabxana	[kitapχa'na]
theater (het)	teatr	[tɛ'atr]
opera (de)	opera	['opɛra]
nachtclub (de)	gecə klubu	[gɛ'dʒʲæ klʲu'bu]
casino (het)	kazino	[kazi'no]
moskee (de)	məsçid	[mæs'tʃid]
synagoge (de)	sinaqoq	[sina'goh]
kathedraal (de)	baş kilsə	['baʃ kil'sæ]
tempel (de)	məbəd	[mæ'bæd]
kerk (de)	kilsə	[kil'sæ]
instituut (het)	institut	[insti'tut]
universiteit (de)	universitet	[univɛrsi'tɛt]
school (de)	məktəb	[mæk'tæp]
gemeentehuis (het)	prefektura	[prɛfɛk'tura]
stadhuis (het)	bələdiyyə	[bælædi'æ]
hotel (het)	mehmanxana	[mɛhmanχa'na]
bank (de)	bank	['bank]
ambassade (de)	səfirlik	[sæfir'lik]
reisbureau (het)	turizm agentliyi	[tu'rizm agɛntli'jı]
informatieloket (het)	məlumat bürosu	[mælʲu'mat byro'su]
wisselkantoor (het)	mübadilə məntəqəsi	[mybadi'læ mæntægæ'si]
metro (de)	metro	[mɛt'ro]
ziekenhuis (het)	xəstəxana	[χæstæχa'na]
benzinestation (het)	yanacaq doldurma məntəqəsi	[jana'dʒʲah doldur'ma mæntægæ'si]
parking (de)	avtomobil dayanacağı	[avtomo'bil dajanadʒʲa'ɣı]

55. Borden

gevelreclame (de)	lövhə	[løv'hæ]
opschrift (het)	yazı	[ja'zı]
poster (de)	plakat	[pla'kat]
wegwijzer (de)	göstərici	[gøstɛri'dʒʲi]
pijl (de)	göstərici əqrəb	[gøstɛri'dʒʲi æg'ræp]
waarschuwing (verwittiging)	xəbərdarlıq	[χæbærdar'lıh]
waarschuwingsbord (het)	xəbərdarlıq	[χæbærdar'lıh]
waarschuwen (ww)	xəbərdarlıq etmək	[χæbærdar'lıh ɛt'mæk]

vrije dag (de)	istirahət günü	[istira'hæt gy'ny]
dienstregeling (de)	cədvəl	[dʒ'æd'væl]
openingsuren (mv.)	iş saatları	['iʃ saatla'rı]
WELKOM!	XOŞ GƏLMİŞSİNİZ!	['χoʃ gæl'miʃsiniz]
INGANG	GİRİŞ	[gi'riʃ]
UITGANG	ÇIXIŞ	[tʃı'χıʃ]
DUWEN	ÖZÜNDƏN	[øzyn'dæn]
TREKKEN	ÖZÜNƏ TƏRƏF	[øzy'næ tæ'ræf]
OPEN	AÇIQDIR	[a'tʃıgdır]
GESLOTEN	BAĞLIDIR	[ba'γlıdır]
DAMES	QADINLAR ÜÇÜN	[gadın'lar ju'tʃun]
HEREN	KİŞİLƏR ÜÇÜN	[kiʃi'lær ju'tʃun]
KORTING	ENDİRİMLƏR	[ɛndirim'lær]
UITVERKOOP	ENDİRİMLİ SATIŞ	[ɛndirim'li sa'tıʃ]
NIEUW!	YENİ MAL!	[ɛ'ni 'mal]
GRATIS	PULSUZ	[pul'suz]
PAS OP!	DİQQƏT!	[dik'kæt]
VOLGEBOEKT	BOŞ YER YOXDUR	['boʃ 'ɛr 'joχdur]
GERESERVEERD	SİFARİŞ EDİLİB	[sifa'riʃ ɛdi'lip]
ADMINISTRATIE	MÜDİRİYYƏT	[mydiri'æt]
ALLEEN VOOR PERSONEEL	YALNIZ İŞÇİLƏR ÜÇÜN	['jalnız iʃtʃi'lær ju'tʃun]
GEVAARLIJKE HOND	TUTAĞAN İT	[tuta'γan 'it]
VERBODEN TE ROKEN!	SİQARET ÇƏKMƏYİN!	[siga'rɛt 'tʃækmæjın]
NIET AANRAKEN!	ƏL VURMAYIN!	['æl 'vurmajın]
GEVAARLIJK	TƏHLÜKƏLİDİR	[tæhlykæ'lidir]
GEVAAR	TƏHLÜKƏ	[tæhly'kæ]
HOOGSPANNING	YÜKSƏK GƏRGİNLİK	[jyk'sæk gærgin'lik]
VERBODEN TE ZWEMMEN	ÇİMMƏK QADAĞANDIR	[tʃim'mæk gada'γandır]
BUITEN GEBRUIK	İŞLƏMİR	[iʃ'læmir]
ONTVLAMBAAR	ODDAN TƏHLÜKƏLİDİR	[od'dan tæhlykæ'lidir]
VERBODEN	QADAĞANDIR	[gada'γandır]
DOORGANG VERBODEN	KEÇMƏK QADAĞANDIR	[kɛtʃ'mæk gada'γandır]
OPGELET PAS GEVERFD	RƏNGLƏNİB	[rænglæ'nip]

56. Stedelijk vervoer

bus, autobus (de)	avtobus	[av'tobus]
tram (de)	tramvay	[tram'vaj]
trolleybus (de)	trolleybus	[trol'lɛjbus]
route (de)	marşrut	[marʃ'rut]
nummer (busnummer, enz.)	nömrə	[nøm'ræ]
rijden met ...	getmək	[gɛt'mæk]
stappen (in de bus ~)	minmək	[min'mæk]

afstappen (ww)	enmək	[ɛn'mæk]
halte (de)	dayanacaq	[dajana'dʒʲah]
volgende halte (de)	növbəti dayanacaq	[nøvbæ'ti dajana'dʒʲah]
eindpunt (het)	axırıncı dayanacaq	[aχɪrɪn'dʒʲɪ dajana'dʒʲah]
dienstregeling (de)	hərəkət cədvəli	[hæræ'kæt dʒʲædvæ'li]
wachten (ww)	gözləmək	[gøzlæ'mæk]
kaartje (het)	bilet	[bi'lɛt]
reiskosten (de)	biletin qiyməti	[bilɛ'tin gijmæ'ti]
kassier (de)	kassir	[kas'sir]
kaartcontrole (de)	nəzarət	[næza'ræt]
controleur (de)	nəzarətçi	[næzaræ'tʃi]
te laat zijn (ww)	gecikmək	[gɛdʒʲik'mæk]
missen (de bus ~)	gecikmək	[gɛdʒʲik'mæk]
zich haasten (ww)	tələsmək	[tælæs'mæk]
taxi (de)	taksi	[tak'si]
taxichauffeur (de)	taksi sürücüsü	[tak'si syrydʒy'sy]
met de taxi (bw)	taksi ilə	[tak'si i'læ]
taxistandplaats (de)	taksi dayanacağı	[tak'si dajanadʒʲa'ɣɪ]
een taxi bestellen	taksi sifariş etmək	[tak'si sifa'riʃ ɛt'mæk]
een taxi nemen	taksi tutmaq	[tak'si tut'mah]
verkeer (het)	küçə hərəkəti	[ky'tʃæ hærækæ'ti]
file (de)	tıxac	[tɪ'χadʒʲ]
spitsuur (het)	pik saatları	['pik saatla'rɪ]
parkeren (on.ww.)	park olunmaq	['park olʲun'mah]
parkeren (ov.ww.)	park etmək	['park ɛt'mæk]
parking (de)	avtomobil dayanacağı	[avtomo'bil dajanadʒʲa'ɣɪ]
metro (de)	metro	[mɛt'ro]
halte (bijv. kleine treinhalte)	stansiya	['stansija]
de metro nemen	metro ilə getmək	[mɛt'ro i'læ gɛt'mæk]
trein (de)	qatar	[ga'tar]
station (treinstation)	dəmiryol vağzalı	[dæ'mirjol vaɣza'lɪ]

57. Bezienswaardigheden

monument (het)	abidə	[abi'dæ]
vesting (de)	qala	[ga'la]
paleis (het)	saray	[sa'raj]
kasteel (het)	qəsr	['gæsr]
toren (de)	qüllə	[gyl'læ]
mausoleum (het)	məqbərə	[mægbæ'ræ]
architectuur (de)	memarlıq	[mɛmar'lɪh]
middeleeuws (bn)	orta əsrlərə aid	[or'ta æsrlæ'ræ a'id]
oud (bn)	qədimi	[gædi'mi]
nationaal (bn)	milli	[mil'li]
bekend (bn)	məşhur	[mæʃ'hur]
toerist (de)	turist	[tu'rist]
gids (de)	bələdçi	[bælæd'tʃi]

rondleiding (de)	gəzinti	[gæzin'ti]
tonen (ww)	göstərmək	[gøstær'mæk]
vertellen (ww)	söyləmək	[søjlæ'mæk]

vinden (ww)	tapmaq	[tap'mah]
verdwalen (de weg kwijt zijn)	itmək	[it'mæk]
plattegrond (~ van de metro)	sxem	['sχɛm]
plattegrond (~ van de stad)	plan	['plan]

souvenir (het)	suvenir	[suvɛ'nir]
souvenirwinkel (de)	suvenir mağazası	[suvɛ'nir ma'γazası]
een foto maken (ww)	fotoşəkil çəkmək	[fotoʃæ'kil tʃæk'mæk]
zich laten fotograferen	fotoşəkil çəkdirmək	[fotoʃæ'kil tʃækdir'mæk]

58. Winkelen

kopen (ww)	almaq	[al'mah]
aankoop (de)	satın alınmış şey	[sa'tın alın'mıʃ 'ʃɛj]
winkelen (ww)	alış-veriş etmək	[a'lıʃ vɛ'riʃ æt'mæk]
winkelen (het)	şoppinq	['ʃoppinh]

open zijn (ov. een winkel, enz.)	işləmək	[iʃlæ'mæk]
gesloten zijn (ww)	bağlanmaq	[baγlan'mah]

schoeisel (het)	ayaqqabı	[ajakka'bı]
kleren (mv.)	geyim	[gɛ'jım]
cosmetica (de)	kosmetika	[kos'mɛtika]
voedingswaren (mv.)	ərzaq	[ær'zah]
geschenk (het)	hədiyyə	[hædi'æ]

verkoper (de)	satıcı	[satı'dʒıı]
verkoopster (de)	satıcı qadın	[satı'dʒıı ga'dın]

kassa (de)	kassa	['kassa]
spiegel (de)	güzgü	[gyz'gy]
toonbank (de)	piştaxta	[piʃtaχ'ta]
paskamer (de)	paltarı ölçüb baxmaq üçün yer	[palta'rı øl'tʃup baχ'mah ju'tʃun 'ɛr]

aanpassen (ww)	paltarı ölçüb baxmaq	[palta'rı øl'tʃup baχ'mah]
passen (ov. kleren)	münasib olmaq	[myna'sip ol'mah]
bevallen (prettig vinden)	xoşuna gəlmək	[χoʃu'na gæl'mæk]

prijs (de)	qiymət	[gij'mæt]
prijskaartje (het)	qiymət yazılan birka	[gij'mæt jazı'lan 'birka]
kosten (ww)	qiyməti olmaq	[gijmæ'ti ol'mah]
Hoeveel?	Neçəyədir?	[nɛtʃæ'jædir]
korting (de)	endirim	[ɛndi'rim]

niet duur (bn)	baha olmayan	[ba'ha 'olmajan]
goedkoop (bn)	ucuz	[u'dʒyz]
duur (bn)	bahalı	[baha'lı]
Dat is duur.	Bu, bahadır.	['bu ba'hadır]

verhuur (de)	kirayə	[kira'jæ]
huren (smoking, enz.)	kirayəyə götürmək	[kirajæ'jæ gøtyr'mæk]
krediet (het)	kredit	[krɛ'dit]
op krediet (bw)	kreditlə almaq	[krɛ'ditlæ al'mah]

59. Geld

geld (het)	pul	['pul]
ruil (de)	mübadilə	[mybadi'læ]
koers (de)	kurs	['kurs]
geldautomaat (de)	bankomat	[banko'mat]
muntstuk (de)	pul	['pul]
dollar (de)	dollar	['dollar]
euro (de)	yevro	['ɛvro]
lire (de)	lira	['lira]
Duitse mark (de)	marka	[mar'ka]
frank (de)	frank	['frank]
pond sterling (het)	funt sterling	['funt 'stɛrlinh]
yen (de)	yena	['jɛna]
schuld (geldbedrag)	borc	['bordʒʲ]
schuldenaar (de)	borclu	[bordʒʲ'lʲu]
uitlenen (ww)	borc vermək	['bordʒʲ vɛr'mæk]
lenen (geld ~)	borc almaq	['bordʒʲ al'mah]
bank (de)	bank	['bank]
bankrekening (de)	hesab	[hɛ'sap]
op rekening storten	hesaba yatırmaq	[hɛsa'ba jatır'mah]
opnemen (ww)	hesabdan pul götürmək	[hɛsab'dan 'pul gøtyr'mæk]
kredietkaart (de)	kredit kartı	[krɛ'dit kar'tı]
baar geld (het)	nəqd pul	['nægd 'pul]
cheque (de)	çek	['tʃɛk]
een cheque uitschrijven	çek yazmaq	['tʃɛk jaz'mah]
chequeboekje (het)	çek kitabçası	['tʃɛk kitaptʃa'sı]
portefeuille (de)	cib kisəsi	['dʒʲip kisæ'si]
geldbeugel (de)	pul kisəsi	['pul kisæ'si]
safe (de)	seyf	['sɛjf]
erfgenaam (de)	vərəsə	[væræ'sæ]
erfenis (de)	miras	[mi'ras]
fortuin (het)	var-dövlət	['var døv'læt]
huur (de)	icarə	[idʒʲa'ræ]
huurprijs (de)	mənzil haqqı	[mæn'zil hak'kı]
huren (huis, kamer)	kirayə etmək	[kira'jæ ɛt'mæk]
prijs (de)	qiymət	[gij'mæt]
kostprijs (de)	qiymət	[gij'mæt]
som (de)	məbləğ	[mæb'læɣ]
uitgeven (geld besteden)	sərf etmək	['særf ɛt'mæk]

kosten (mv.)	xərclər	[xærdʒˡˈlær]
bezuinigen (ww)	qənaət etmək	[gæna'æt ɛt'mæk]
zuinig (bn)	qənaətcil	[gænaæt'dʒˡil]
betalen (ww)	pulunu ödəmək	[pulʲu'nu ødæ'mæk]
betaling (de)	ödəniş	[ødæ'niʃ]
wisselgeld (het)	pulun artığı	[pu'lʲun artɪ'ɣɪ]
belasting (de)	vergi	[vɛr'gi]
boete (de)	cərimə	[dʒˡæri'mæ]
beboeten (bekeuren)	cərimə etmək	[dʒˡæri'mæ ɛt'mæk]

60. Post. Postkantoor

postkantoor (het)	poçt binası	['potʃt bina'sɪ]
post (de)	poçt	['potʃt]
postbode (de)	poçtalyon	[potʃta'lʲon]
openingsuren (mv.)	iş saatları	['iʃ saatla'rɪ]
brief (de)	məktub	[mæk'tup]
aangetekende brief (de)	sifarişli məktub	[sifariʃ'li mæk'tup]
briefkaart (de)	poçt kartoçkası	['potʃt kartotʃka'sɪ]
telegram (het)	teleqram	[tɛlɛg'ram]
postpakket (het)	bağlama	[bayla'ma]
overschrijving (de)	pul köçürməsi	['pul køtʃurmæ'si]
ontvangen (ww)	almaq	[al'mah]
sturen (zenden)	göndərmək	[gøndær'mæk]
verzending (de)	göndərilmə	[gøndæril'mæ]
adres (het)	ünvan	[yn'van]
postcode (de)	indeks	['indɛks]
verzender (de)	göndərən	[gøndæ'ræn]
ontvanger (de)	alan	[a'lan]
naam (de)	ad	['ad]
achternaam (de)	soyadı	['sojadɪ]
tarief (het)	tarif	[ta'rif]
standaard (bn)	adi	[a'di]
zuinig (bn)	qənaətə imkan verən	[gænaæ'tæ im'kan vɛ'ræn]
gewicht (het)	çəki	[tʃæ'ki]
afwegen (op de weegschaal)	çəkmək	[tʃæk'mæk]
envelop (de)	zərf	['zærf]
postzegel (de)	marka	[mar'ka]

Woning. Huis. Thuis

61. Huis. Elektriciteit

elektriciteit (de)	elektrik	[ɛlɛkt'rik]
lamp (de)	elektrik lampası	[ɛlɛkt'rik lampa'sı]
schakelaar (de)	elektrik açarı	[ɛlɛkt'rik atʃa'rı]
zekering (de)	elektrik mantarı	[ɛlɛkt'rik manta'rı]
draad (de)	məftil	[mæf'til]
bedrading (de)	şəbəkə	[ʃæbæ'kæ]
elektriciteitsmeter (de)	sayğac	[saj'ɣadʒʲ]
gegevens (mv.)	sayğac göstəricisi	[saj'ɣadʒʲ gøstɛridʒʲi'si]

62. Villa. Herenhuis

landhuisje (het)	şəhər kənarında olan ev	[ʃæ'hær kænarın'da o'lan 'ɛv]
villa (de)	villa	['villa]
vleugel (de)	cinah	[dʒi'nah]
tuin (de)	bağ	['baɣ]
park (het)	park	['park]
oranjerie (de)	oranjereya	[oranʒɛ'rɛja]
onderhouden (tuin, enz.)	baxmaq	[baχ'mah]
zwembad (het)	hovuz	[ho'vuz]
gym (het)	idman zalı	[id'man za'lı]
tennisveld (het)	tennis meydançası	['tɛnnis mɛjdantʃa'sı]
bioscoopkamer (de)	kinoteatr	[kinotɛ'atr]
garage (de)	qaraj	[ga'raʒ]
privé-eigendom (het)	xüsusi mülkiyyət	[χysu'si mylki'æt]
eigen terrein (het)	xüsusi malikanə	[χysu'si malika'næ]
waarschuwing (de)	xəbərdarlıq	[χæbærdar'lıh]
waarschuwingsbord (het)	xəbərdarlıq yazısı	[χæbærdar'lıh jazı'sı]
bewaking (de)	mühafizə	[myhafi'zæ]
bewaker (de)	mühafizəçi	[myhafizæ'tʃi]
inbraakalarm (het)	siqnalizasiya	[signali'zasija]

63. Appartement

appartement (het)	mənzil	[mæn'zil]
kamer (de)	otaq	[o'tah]

slaapkamer (de)	yataq otağı	[ja'tah ota'ɣɪ]
eetkamer (de)	yemək otağı	[ɛ'mæk ota'ɣɪ]
salon (de)	qonaq otağı	[go'nah ota'ɣɪ]
studeerkamer (de)	iş otağı	['iʃ ota'ɣɪ]
gang (de)	dəhliz	[dæh'liz]
badkamer (de)	vanna otağı	[van'na ota'ɣɪ]
toilet (het)	tualet	[tua'lɛt]
plafond (het)	tavan	[ta'van]
vloer (de)	döşəmə	[døʃæ'mæ]
hoek (de)	künc	['kyndʒʲ]

64. Meubels. Interieur

meubels (mv.)	mebel	['mɛbɛl]
tafel (de)	masa	[ma'sa]
stoel (de)	stul	['stul]
bed (het)	çarpayı	[ʧarpa'jɪ]
bankstel (het)	divan	[di'van]
fauteuil (de)	kreslo	['krɛslo]
boekenkast (de)	kitab şkafı	[ki'tap ʃka'fɪ]
boekenrek (het)	kitab rəfi	[ki'tap ræ'fi]
kledingkast (de)	paltar üçün şkaf	[pal'tar ju'ʧun ʃ'kaf]
kapstok (de)	paltarasan	[paltara'san]
staande kapstok (de)	dik paltarasan	['dik paltara'san]
commode (de)	kamod	[ka'mod]
salontafeltje (het)	jurnal masası	[ʒur'nal masa'sɪ]
spiegel (de)	güzgü	[gyz'gy]
tapijt (het)	xalı	[ҳa'lɪ]
tapijtje (het)	xalça	[ҳal'ʧa]
haard (de)	kamin	[ka'min]
kaars (de)	şam	['ʃam]
kandelaar (de)	şamdan	[ʃam'dan]
gordijnen (mv.)	pərdə	[pær'dæ]
behang (het)	divar kağızı	[di'var kʲaɣɪ'zɪ]
jaloezie (de)	jalyuzi	[ʒalʲu'zi]
bureaulamp (de)	stol lampası	['stol lamp'sɪ]
wandlamp (de)	çıraq	[ʧɪ'rah]
staande lamp (de)	torşer	[tor'ʃɛr]
luchter (de)	çilçıraq	[ʧilʧɪ'rah]
poot (ov. een tafel, enz.)	ayaq	[a'jah]
armleuning (de)	qoltuqaltı	[goltuɣal'tɪ]
rugleuning (de)	söykənəcək	['søjkænæ'dʒʲæk]
la (de)	siyirtmə	[sijɪrt'mæ]

65. Beddengoed

beddengoed (het)	yataq dəyişəyi	[ja'tah dæɪʃæ'jɪ]
kussen (het)	yastıq	[jas'tıh]
kussenovertrek (de)	yastıqüzü	[jastıgy'zy]
deken (de)	yorğan	[jor'ɣan]
laken (het)	məlefə	[mælæ'fæ]
sprei (de)	örtük	[ør'tyk]

66. Keuken

keuken (de)	mətbəx	[mæt'bæχ]
gas (het)	qaz	['gaz]
gasfornuis (het)	qaz plitəsi	['gaz plitæ'si]
elektrisch fornuis (het)	elektrik plitəsi	[ɛlɛkt'rik plitæ'si]
oven (de)	duxovka	[duχov'ka]
magnetronoven (de)	mikrodalğalı soba	[mikrodalɣa'lı so'ba]
koelkast (de)	soyuducu	[sojudu'dʒy]
diepvriezer (de)	dondurucu kamera	[donduru'dʒy 'kamɛra]
vaatwasmachine (de)	qabyuyan maşın	[gaby'jan ma'ʃın]
vleesmolen (de)	ət çəkən maşın	['æt tʃæ'kæn ma'ʃın]
vruchtenpers (de)	şirəçəkən maşın	[ʃirætʃæ'kæn ma'ʃın]
toaster (de)	toster	['tostɛr]
mixer (de)	mikser	['miksɛr]
koffiemachine (de)	qəhvə hazırlayan maşın	[gæh'væ hazırla'jan ma'ʃın]
koffiepot (de)	qəhvədan	[gæhvæ'dan]
koffiemolen (de)	qəhvə üyüdən maşın	[gæh'væ yjy'dæn ma'ʃın]
fluitketel (de)	çaydan	[tʃaj'dan]
theepot (de)	dəm çaydanı	['dæm tʃajda'nı]
deksel (de/het)	qapaq	[ga'pah]
theezeefje (het)	kiçik ələk	[ki'tʃik æ'læk]
lepel (de)	qaşıq	[ga'ʃıh]
theelepeltje (het)	çay qaşığı	['tʃaj gaʃı'ɣı]
eetlepel (de)	xörək qaşığı	[χø'ræk gaʃı'ɣı]
vork (de)	çəngəl	[tʃæ'ngæl]
mes (het)	bıçaq	[bı'tʃah]
vaatwerk (het)	qab-qacaq	['gap ga'dʒ^jah]
bord (het)	boşqab	[boʃ'gap]
schoteltje (het)	nəlbəki	[nælbæ'ki]
likeurglas (het)	qədəh	[gæ'dæh]
glas (het)	stəkan	[stæ'kan]
kopje (het)	fincan	[fin'dʒ^jan]
suikerpot (de)	qənd qabı	['gænd ga'bı]
zoutvat (het)	duz qabı	['duz ga'bı]
pepervat (het)	istiot qabı	[isti'ot ga'bı]

boterschaaltje (het)	yağ qabı	['jaɣ ga'bı]
steelpan (de)	qazan	[ga'zan]
bakpan (de)	tava	[ta'va]
pollepel (de)	çömçə	[tʃœm'tʃæ]
vergiet (de/het)	aşsüzən	[aʃsy'zæn]
dienblad (het)	məcməyi	[mædʒˡmæ'jı]

fles (de)	şüşə	[ʃy'ʃæ]
glazen pot (de)	şüşə banka	[ʃy'ʃæ ban'ka]
blik (conserven~)	banka	[ban'ka]

flesopener (de)	açan	[a'tʃan]
blikopener (de)	konserv ağzı açan	[kon'sɛrv a'ɣzı a'tʃan]
kurkentrekker (de)	burğu	[bur'ɣu]
filter (de/het)	süzgəc	[syz'gædʒˡ]
filteren (ww)	süzgəcdən keçirmək	[syzgædʒˡ'dæn kɛtʃir'mæk]

huisvuil (het)	zibil	[zi'bil]
vuilnisemmer (de)	zibil vedrəsi	[zi'bil vɛdræ'si]

67. Badkamer

badkamer (de)	vanna otağı	[van'na ota'ɣı]
water (het)	su	['su]
kraan (de)	kran	['kran]
warm water (het)	isti su	[is'ti 'su]
koud water (het)	soyuq su	[so'juh 'su]

tandpasta (de)	diş məcunu	['diʃ mædʒy'nu]
tanden poetsen (ww)	dişləri fırçalamaq	[diʃlæ'ri fırtʃala'mah]

zich scheren (ww)	üzünü qırxmaq	[yzy'ny gırχ'mah]
scheercrème (de)	üz qırxmaq üçün köpük	['juz gırχ'mah ju'tʃun kø'pyk]
scheermes (het)	ülgüc	[ylˡ'gydʒˡ]

wassen (ww)	yumaq	[ju'mah]
een bad nemen	yuyunmaq	[jujun'mah]
douche (de)	duş	['duʃ]
een douche nemen	duş qəbul etmək	['duʃ gæ'bul ɛt'mæk]

bad (het)	vanna	[van'na]
toiletpot (de)	unitaz	[uni'taz]
wastafel (de)	su çanağı	['su tʃana'ɣı]

zeep (de)	sabun	[sa'bun]
zeepbakje (het)	sabun qabı	[sa'bun ga'bı]

spons (de)	hamam süngəri	[ha'mam syngæ'ri]
shampoo (de)	şampun	[ʃam'pun]
handdoek (de)	dəsmal	[dæs'mal]
badjas (de)	hamam xələti	[ha'mam χælæ'ti]

was (bijv. handwas)	paltarın yuyulması	[palta'rın yjulma'sı]
wasmachine (de)	paltaryuyan maşın	[paltary'jan ma'ʃın]

| de was doen | paltar yumaq | [pal'tar ju'mah] |
| waspoeder (de) | yuyucu toz | [juju'dʒy 'toz] |

68. Huishoudelijke apparaten

televisie (de)	televizor	[tɛlɛ'vizor]
cassettespeler (de)	maqnitofon	[magnito'fon]
videorecorder (de)	videomaqnitofon	[vidɛomagnito'fon]
radio (de)	qəbuledici	[gæbulɛdi'dʒʲi]
speler (de)	pleyer	['plɛjɛr]

videoprojector (de)	video proyektor	[vidɛo pro'ɛktor]
home theater systeem (het)	ev kinoteatrı	['æv kinotɛat'rı]
DVD-speler (de)	DVD maqnitofonu	[divi'di magnitofo'nu]
versterker (de)	səs güclandiricisi	['sæs gydʒʲlændiridʒʲi'si]
spelconsole (de)	oyun əlavəsi	[o'jun ælavæ'si]

videocamera (de)	videokamera	[vidɛo'kamɛra]
fotocamera (de)	fotoaparat	[fotoapa'rat]
digitale camera (de)	rəqəm fotoaparatı	[ræ'gæm fotoapara'tı]

stofzuiger (de)	tozsoran	[tozso'ran]
strijkijzer (het)	ütü	[y'ty]
strijkplank (de)	ütü taxtası	[y'ty taχta'sı]

telefoon (de)	telefon	[tɛlɛ'fon]
mobieltje (het)	mobil telefon	[mo'bil tɛlɛ'fon]
schrijfmachine (de)	yazı maşını	[ja'zı maʃı'nı]
naaimachine (de)	tikiş maşını	[ti'kiʃ maʃı'nı]

microfoon (de)	mikrofon	[mikro'fon]
koptelefoon (de)	qulaqlıqlar	[gulaglıg'lar]
afstandsbediening (de)	pult	['pult]

CD (de)	SD diski	[si'di dis'ki]
cassette (de)	kasset	[kas'sɛt]
vinylplaat (de)	val	['val]

MENSELIJKE ACTIVITEITEN

Baan. Business. Deel 1

69. Kantoor. Op kantoor werken

kantoor (het)	ofis	['ofis]
kamer (de)	iş otağı	['iʃ ota'ɣı]
receptie (de)	resepşn	[rɛ'sɛpʃn]
secretaris (de)	katibə	[kʲati'bæ]
directeur (de)	direktor	[di'rɛktor]
manager (de)	menecer	['mɛnɛdʒʲɛr]
boekhouder (de)	mühasib	[myha'sip]
werknemer (de)	işçi	[iʃ'tʃi]
meubilair (het)	mebel	['mɛbɛl]
tafel (de)	masa	[ma'sa]
bureaustoel (de)	kreslo	['krɛslo]
ladeblok (het)	dolabça	[dolab'tʃa]
kapstok (de)	dik paltarasan	['dik paltara'san]
computer (de)	bilgisayar	[bilgisa'jar]
printer (de)	printer	['printɛr]
fax (de)	faks	['faks]
kopieerapparaat (het)	surətçıxaran aparat	[suræːtʃıxa'ran apa'rat]
papier (het)	kağız	[ka'ɣız]
kantoorartikelen (mv.)	dəftərxana ləvazimatı	[dæftærχa'na lævazima'tı]
muismat (de)	altlıq	[alt'lıh]
blad (het)	vərəq	[væ'ræh]
ordner (de)	qovluq	[gov'lʲuh]
catalogus (de)	kataloq	[ka'taloh]
telefoongids (de)	məlumat kitabçası	[mælʲu'mat kitabtʃa'sı]
documentatie (de)	sənədlər	[sænæd'lær]
brochure (de)	broşür	[bro'ʃyr]
flyer (de)	vərəqə	[væræ'gæ]
monster (het), staal (de)	nümunə	[nymu'næ]
training (de)	treninq	['trɛninh]
vergadering (de)	müşavirə	[myʃavi'ræ]
lunchpauze (de)	nahar fasiləsi	[na'har fasilæ'si]
een kopie maken	surət çıxarmaq	[su'ræt tʃıχar'mah]
de kopieën maken	çoxaltmaq	[tʃoχalt'mah]
een fax ontvangen	faks almaq	['faks al'mah]
een fax versturen	faks göndərmək	['faks gøndær'mæk]
opbellen (ww)	zəng etmək	['zæng ɛt'mæk]

| antwoorden (ww) | cavab vermək | [dʒ|a'vap vɛr'mæk] |
| doorverbinden (ww) | bağlamaq | [baɣla'mah] |

afspreken (ww)	təyin etmək	[tæ'jın ɛt'mæk]
demonstreren (ww)	nümayiş etdirmək	[nyma'iʃ ɛtdir'mæk]
absent zijn (ww)	olmamaq	['olmamah]
afwezigheid (de)	gəlməmə	['gælmæmæ]

70. Bedrijfsprocessen. Deel 1

zaak (de), beroep (het)	məşğuliyyət	[mæʃɣuli'æt]
firma (de)	firma	['firma]
bedrijf (maatschap)	şirkət	[ʃir'kæt]
corporatie (de)	korporasiya	[korpo'rasija]
onderneming (de)	müəssisə	[myæssi'sæ]
agentschap (het)	agentlik	[agɛnt'lik]

overeenkomst (de)	müqavilə	[mygavi'læ]
contract (het)	kontrakt	[kon'trakt]
transactie (de)	sövdə	[søv'dæ]
bestelling (de)	sifariş	[sifa'riʃ]
voorwaarde (de)	şərt	['ʃært]

in het groot (bw)	topdan	[top'dan]
groothandels- (abn)	topdan satılan	[top'dan satı'lan]
groothandel (de)	topdan satış	[top'dan sa'tıʃ]
kleinhandels- (abn)	pərakəndə	[pærakæn'dæ]
kleinhandel (de)	pərakəndə satış	[pærakæn'dæ sa'tıʃ]

concurrent (de)	rəqib	[ræ'gip]
concurrentie (de)	rəqabət	[ræga'bæt]
concurreren (ww)	rəqabət aparmaq	[ræga'bæt apar'mah]

| partner (de) | partnyor | [part'nʲor] |
| partnerschap (het) | partnyorluq | [partnʲor'lʲuh] |

crisis (de)	böhran	[bøh'ran]
bankroet (het)	müflislik	[myflis'lik]
bankroet gaan (ww)	müflis olmaq	[myf'lis ol'mah]
moeilijkheid (de)	çətinlik	[tʃætin'lik]
probleem (het)	problem	[prob'lɛm]
catastrofe (de)	fəlakət	[fæla'kæt]

economie (de)	iqtisadiyyat	[igtisadi'at]
economisch (bn)	iqtisadi	[igtisa'di]
economische recessie (de)	iqtisadi zəifləmə	[igtisa'di zæiflæ'mæ]

| doel (het) | məqsəd | [mæg'sæd] |
| taak (de) | vəzifə | [væzi'fæ] |

handelen (handel drijven)	alver etmək	[al'vɛr æt'mæk]
netwerk (het)	şəbəkə	[ʃæbæ'kæ]
voorraad (de)	anbar	[an'bar]
assortiment (het)	çeşid	[tʃɛ'ʃid]

leider (de)	lider	['lidɛr]
groot (bn)	iri	[i'ri]
monopolie (het)	inhisar	[inhi'sar]
theorie (de)	nəzəriyyə	[næzæ'riæ]
praktijk (de)	praktika	['praktika]
ervaring (de)	təcrübə	[tædʒi'ry'bæ]
tendentie (de)	təmayül	[tæma'jul]
ontwikkeling (de)	inkişaf	[inki'ʃaf]

71. Bedrijfsprocessen. Deel 2

voordeel (het)	mənfəət	[mænfæ'æt]
voordelig (bn)	mənfəətli	[mænfaæt'li]
delegatie (de)	nümayəndəlik	[nymajændæ'lik]
salaris (het)	əmək haqqı	[æ'mæk hak'kı]
corrigeren (fouten ~)	düzəltmək	[dyzælt'mæk]
zakenreis (de)	iş səyahəti	['iʃ sæjahæ'ti]
commissie (de)	komissiya	[ko'missija]
controleren (ww)	nəzarət etmək	[næza'ræt ɛt'mæk]
conferentie (de)	konfrans	[kon'frans]
licentie (de)	lisenziya	[li'sɛnzija]
betrouwbaar (partner, enz.)	etibarlı	[ɛtibar'lı]
aanzet (de)	təşəbbüs	[tæʃæb'bys]
norm (bijv. ~ stellen)	norma	['norma]
omstandigheid (de)	hal	['hal]
taak, plicht (de)	vəzifə	[væzi'fæ]
organisatie (bedrijf, zaak)	təşkilat	[tæʃki'lat]
organisatie (proces)	təşkil etmə	[tæʃ'kil ɛt'mæ]
georganiseerd (bn)	təşkil edilmiş	[tæʃ'kil ɛdil'miʃ]
afzegging (de)	ləğv etmə	['læɣv ɛt'mæ]
afzeggen (ww)	ləğv etmək	['læɣv ɛt'mæk]
verslag (het)	hesabat	[hɛsa'bat]
patent (het)	patent	[pa'tɛnt]
patenteren (ww)	patent vermək	[pa'tɛnt vɛr'mæk]
plannen (ww)	planlaşdırmaq	[planlaʃdır'mah]
premie (de)	mükafat	[myka'fat]
professioneel (bn)	peşəkar	[pɛʃæ'kar]
procedure (de)	prosedur	[prosɛ'dur]
onderzoeken (contract, enz.)	baxmaq	[bax'mah]
berekening (de)	hesablaşma	[hɛsablaʃ'ma]
reputatie (de)	ad	['ad]
risico (het)	risk	['risk]
beheren (managen)	idarə etmək	[ida'ræ ɛt'mæk]
informatie (de)	məlumat	[mælʲu'mat]
eigendom (bezit)	mülkiyyət	[mylki'æt]

unie (de)	ittifaq	[itti'fah]
levensverzekering (de)	həyatın sığortalanması	[hæja'tın sıɣortalanma'sı]
verzekeren (ww)	sığortalamaq	[sıɣortala'mah]
verzekering (de)	sığorta müqaviləsi	[sıɣor'ta mygavilæ'si]

veiling (de)	hərrac	[hær'radʒˈ]
verwittigen (ww)	bildirmək	[bildir'mæk]
beheer (het)	idarə etmə	[ida'ræ ɛt'mæ]
dienst (de)	xidmət	[χid'mæt]

forum (het)	forum	['forum]
functioneren (ww)	işləmək	[iʃlæ'mæk]
stap, etappe (de)	mərhələ	[mærhæ'læ]
juridisch (bn)	hüquqi	[hygu'gi]
jurist (de)	hüquqşünas	[hygukʃy'nas]

72. Productie. Werken

industriële installatie (fabriek)	zavod	[za'vod]
fabriek (de)	fabrik	['fabrik]
werkplaatsruimte (de)	sex	['sɛχ]
productielocatie (de)	istehsalat	[istɛhsa'lat]

industrie (de)	sənaye	[sæna'jɛ]
industrieel (bn)	sənaye	[sæna'jɛ]
zware industrie (de)	ağır sənaye	[a'ɣır sæna'jɛ]
lichte industrie (de)	yüngül sənaye	[jyn'gyl sæna'jɛ]

productie (de)	məhsul	[mæh'sul]
produceren (ww)	istehsal etmək	[istɛh'sal æt'mæk]
grondstof (de)	xammal	['χammal]

voorman, ploegbaas (de)	briqadir	[briga'dir]
ploeg (de)	briqada	[bri'gada]
arbeider (de)	fəhlə	[fæh'læ]

werkdag (de)	iş günü	['iʃ gy'ny]
pauze (de)	fasilə	[fasi'læ]
samenkomst (de)	iclas	[idʒˈ'las]
bespreken (spreken over)	müzakirə etmək	[myzaki'ræ ɛt'mæk]

plan (het)	plan	['plan]
het plan uitvoeren	planı yerinə yetirmək	[pla'nı ɛri'næ ɛtir'mæk]
productienorm (de)	norma	['norma]
kwaliteit (de)	keyfiyyət	[kɛjfi'æt]
controle (de)	yoxlama	[joχla'ma]
kwaliteitscontrole (de)	keyfiyyətə nəzarət etmək	[kɛjfiæ'tæ næza'ræt æt'mæk]

arbeidsveiligheid (de)	əmək təhlükəsizliyi	[æ'mæk tæhlykæsizli'jı]
discipline (de)	nizam-intizam	[ni'zam inti'zam]
overtreding (de)	pozma	[poz'ma]
overtreden (ww)	pozmaq	[poz'mah]
staking (de)	tətil	[tæ'til]
staker (de)	tətilçi	[tætil'tʃi]

staken (ww)	tətil etmək	[tæ'til ɛt'mæk]
vakbond (de)	həmkarlar ittifaqı	[hæmkar'lar ittifa'gı]
uitvinden (machine, enz.)	ixtira etmək	[iχti'ra ɛt'mæk]
uitvinding (de)	ixtira	[iχti'ra]
onderzoek (het)	araşdırma	[araʃdır'ma]
verbeteren (beter maken)	yaxşılaşdırmaq	[jaχʃılaʃdır'mah]
technologie (de)	texnoloqiya	[tɛχno'logija]
technische tekening (de)	cizgi	[dʒʲiz'gi]
vracht (de)	yük	['jyk]
lader (de)	malyükləyən	[malʲyklæ'jæn]
laden (vrachtwagen)	yükləmək	[jyklæ'mæk]
laden (het)	yükləmə	[jyklæ'mæ]
lossen (ww)	yük boşaltmaq	['juk boʃalt'mah]
lossen (het)	yük boşaltma	['juk boʃalt'ma]
transport (het)	nəqliyyat	[nægli'at]
transportbedrijf (de)	nəqliyyat şirkəti	[nægli'at ʃirkæ'ti]
transporteren (ww)	nəql etmək	['nægl ɛt'mæk]
goederenwagon (de)	vaqon	[va'gon]
tank (bijv. ketelwagen)	sistern	[sis'tɛrn]
vrachtwagen (de)	yük maşını	['juk maʃı'nı]
machine (de)	dəzgah	[dæz'gʲah]
mechanisme (het)	mexanizm	[mɛχa'nizm]
industrieel afval (het)	tullantılar	[tullantı'lar]
verpakking (de)	qablaşdırma	[gablaʃdır'ma]
verpakken (ww)	qablaşdırmaq	[gablaʃdır'mah]

73. Contract. Overeenstemming

contract (het)	kontrakt	[kon'trakt]
overeenkomst (de)	saziş	[sa'ziʃ]
bijlage (de)	əlavə	[æla'væ]
een contract sluiten	kontrakt bağlamaq	[kon'trakt bayla'mah]
handtekening (de)	imza	[im'za]
ondertekenen (ww)	imzalamaq	[imzala'mah]
stempel (de)	möhür	[mø'hyr]
voorwerp (het) van de overeenkomst	müqavilənin predmeti	[mygavilæ'nin prɛdmɛ'ti]
clausule (de)	bənd	['bænd]
partijen (mv.)	tərəflər	[tæræf'lær]
vestigingsadres (het)	hüquqi ünvan	[hygu'gi jun'van]
het contract verbreken (overtreden)	kontraktı pozmaq	[kontrak'tı poz'mah]
verplichting (de)	vəzifə	[væzi'fæ]
verantwoordelijkheid (de)	məsuliyyət	[mæsuli'æt]
overmacht (de)	fors-major	['fors ma'ʒor]

geschil (het)	mübahisə	[mybahi'sæ]
sancties (mv.)	cərimə sanksiyaları	[dʒʲæri'mæ sanksijala'rı]

74. Import & Export

import (de)	idxal	[id'χal]
importeur (de)	idxalatçı	[idχala'tʃı]
importeren (ww)	idxal etmək	[id'χal ɛt'mæk]
import- (abn)	idxal edilmiş mallar	[id'χal ɛdil'miʃ mal'lar]
exporteur (de)	ixracatçı	[iχradʒʲa'tʃı]
exporteren (ww)	ixrac etmək	[iχ'radʒʲ ɛt'mæk]
goederen (mv.)	mal	['mal]
partij (de)	partiya	['partija]
gewicht (het)	çəki	[tʃæ'ki]
volume (het)	həcm	['hædʒʲm]
kubieke meter (de)	kub metr	['kup 'mɛtr]
producent (de)	istehsalçı	[istɛhsal'tʃı]
transportbedrijf (de)	nəqliyyat şirkəti	[nægli'at ʃirkæ'ti]
container (de)	konteyner	[kon'tɛjnɛr]
grens (de)	sərhəd	[sær'hæd]
douane (de)	gömrük	[gøm'ryk]
douanerecht (het)	gömrük rüsumu	[gøm'ryk rysu'mu]
douanier (de)	gömrük işçisi	[gøm'ryk iʃtʃi'si]
smokkelen (het)	qaçaqçılıq	[gatʃagtʃı'lıh]
smokkelwaar (de)	qaçaq mal	[ga'tʃah 'mal]

75. Financiën

aandeel (het)	səhm	['sæhm]
obligatie (de)	istiqraz	[istig'raz]
wissel (de)	veksel	['vɛksɛl]
beurs (de)	birja	['birʒa]
aandelenkoers (de)	səhm kursu	['sæhm kur'su]
dalen (ww)	ucuzlaşmaq	[udʒyzlaʃ'mah]
stijgen (ww)	bahalanmaq	[bahalan'mah]
meerderheidsbelang (het)	kontrol paketi	[kon'trol pakɛ'ti]
investeringen (mv.)	investisiyalar	[invɛs'tisijalar]
investeren (ww)	investisiya qoymaq	[invɛs'tisija goj'mah]
procent (het)	faiz	[fa'iz]
rente (de)	faiz	[fa'iz]
winst (de)	gəlir	[gæ'lir]
winstgevend (bn)	gəlirli	[gælir'li]
belasting (de)	vergi	[vɛr'gi]

valuta (vreemde ~)	valyuta	[va'lʲuta]
nationaal (bn)	milli	[mil'li]
ruil (de)	mübadilə	[mybadi'læ]
boekhouder (de)	mühasib	[myha'sip]
boekhouding (de)	mühasibat	[myhasi'bat]
bankroet (het)	müflislik	[myflis'lik]
ondergang (de)	iflas	[if'las]
faillissement (het)	var-yoxdan çıxma	['var joχ'dan ʧɪχ'ma]
geruïneerd zijn (ww)	var-yoxdan çıxmaq	['var joχ'dan ʧɪχ'mah]
inflatie (de)	inflyasiya	[in'flʲasija]
devaluatie (de)	devalvasiya	[dɛvalʲ'vasija]
kapitaal (het)	kapital	[kapi'tal]
inkomen (het)	gəlir	[gæ'lir]
omzet (de)	tədavül	[tæda'vyl]
middelen (mv.)	ehtiyat	[ɛhti'jat]
financiële middelen (mv.)	pul vəsaiti	['pul væsai'ti]
reduceren (kosten ~)	ixtisara salmaq	[iχtisa'ra sal'mah]

76. Marketing

marketing (de)	marketinq	[mar'kɛtinh]
markt (de)	bazar	[ba'zar]
marktsegment (het)	bazarın segmenti	[baza'rın sɛgmɛn'ti]
product (het)	məhsul	[mæh'sul]
goederen (mv.)	mal	['mal]
handelsmerk (het)	ticarət markası	[tidʒʲa'ræt marka'sı]
beeldmerk (het)	firma nişanı	['firma niʃa'nı]
logo (het)	loqotip	[logo'tip]
vraag (de)	tələb	[tæ'læp]
aanbod (het)	təklif	[tæk'lif]
behoefte (de)	tələbat	[tælæ'bat]
consument (de)	istehlakçı	[istɛhlak'ʧı]
analyse (de)	təhlil	[tæh'lil]
analyseren (ww)	təhlil etmək	[tæh'lil ɛt'mæk]
positionering (de)	mövqenin təyin edilməsi	[møvgɛ'nin tæ'jın ædilmæ'si]
positioneren (ww)	mövqeni təyin etmək	[møvgɛ'ni tæ'jın æt'mæk]
prijs (de)	qiymət	[gij'mæt]
prijspolitiek (de)	qiymət siyasəti	[gij'mæt sijasæ'ti]
prijsvorming (de)	qiymət qoyulma	[gij'mæt gojul'ma]

77. Reclame

reclame (de)	reklam	[rɛk'lam]
adverteren (ww)	reklam etmək	[rɛk'lam æt'mæk]
budget (het)	büdcə	[byd'dʒʲæ]

advertentie, reclame (de)	reklam	[rɛk'lam]
TV-reclame (de)	televiziya reklamı	[tɛlɛ'vizija rɛkla'mı]
radioreclame (de)	radio reklamı	['radio rɛkla'mı]
buitenreclame (de)	küçə-çöl reklamı	[ky'tʃæ tʃœl rɛkla'mı]
massamedia (de)	kütləvi informasiya vasitələri	[kytlæ'vi infor'masija vasitælæ'ri]
periodiek (de)	vaxtaşırı nəşriyyat	[vaχtaʃı'rı næʃri'at]
imago (het)	imic	['imidʒ']
slagzin (de)	şüar	[ʃy'ar]
motto (het)	şüar	[ʃy'ar]
campagne (de)	kampaniya	[kam'panija]
reclamecampagne (de)	reklam kampaniyası	[rɛk'lam kam'panijası]
doelpubliek (het)	məqsədli auditoriya	[mæɡsæd'li audi'torija]
visitekaartje (het)	vizit kartı	[vi'zit kar'tı]
flyer (de)	vərəqə	[væræ'gæ]
brochure (de)	broşür	[bro'ʃyr]
folder (de)	buklet	[buk'lɛt]
nieuwsbrief (de)	bülleten	[byllɛ'tɛn]
gevelreclame (de)	lövhə	[løv'hæ]
poster (de)	plakat	[pla'kat]
aanplakbord (het)	lövhə	[løv'hæ]

78. Bankieren

bank (de)	bank	['bank]
bankfiliaal (het)	şöbə	[ʃo'bæ]
bankbediende (de)	məsləhətçi	[mæslæhæ'tʃi]
manager (de)	idarə başçısı	[ida'ræ baʃtʃı'sı]
bankrekening (de)	hesab	[hɛ'sap]
rekeningnummer (het)	hesab nömrəsi	[hɛ'sap nømræ'si]
lopende rekening (de)	cari hesab	[dʒ'a'ri hɛ'sap]
spaarrekening (de)	yığılma hesabı	[jıɣıl'ma hɛsa'bı]
een rekening openen	hesab açmaq	[hɛ'sap atʃ'mah]
de rekening sluiten	bağlamaq	[baɣla'mah]
op rekening storten	hesaba yatırmaq	[hɛsa'ba jatır'mah]
opnemen (ww)	hesabdan pul götürmək	[hɛsab'dan 'pul gøtyr'mæk]
storting (de)	əmanət	[æma'næt]
een storting maken	əmanət qoymaq	[æma'næt goj'mah]
overschrijving (de)	köçürmə	[køtʃur'mæ]
een overschrijving maken	köçürmə etmək	[køtʃur'mæ ɛt'mæk]
som (de)	məbləğ	[mæb'læɣ]
Hoeveel?	Nə qədər?	['næ gæ'dær]
handtekening (de)	imza	[im'za]
ondertekenen (ww)	imzalamaq	[imzala'mah]

kredietkaart (de)	kredit kartı	[krɛ'dit kar'tı]
code (de)	kod	['kod]
kredietkaartnummer (het)	kredit kartının nömrəsi	[krɛ'dit kartı'nın nømræ'si]
geldautomaat (de)	bankomat	[banko'mat]
cheque (de)	çek	['tʃɛk]
een cheque uitschrijven	çek yazmaq	['tʃɛk jaz'mah]
chequeboekje (het)	çek kitabçası	['tʃɛk kitaptʃa'sı]
lening, krediet (de)	kredit	[krɛ'dit]
een lening aanvragen	kredit üçün müraciət etmək	[krɛ'dit ju'tʃun myradʒi'i'æt æt'mæk]
een lening nemen	kredit götürmək	[krɛ'dit gøtyr'mæk]
een lening verlenen	kredit vermək	[krɛ'dit vɛr'mæk]
garantie (de)	qarantiya	[ga'rantija]

79. Telefoon. Telefoongesprek

telefoon (de)	telefon	[tɛlɛ'fon]
mobieltje (het)	mobil telefon	[mo'bil tɛlɛ'fon]
antwoordapparaat (het)	avtomatik cavab verən	[avtoma'tik dʒa'vap vɛ'ræn]
bellen (ww)	zəng etmək	['zæng ɛt'mæk]
belletje (telefoontje)	zəng	['zænh]
een nummer draaien	nömrəni yığmaq	[nømræ'ni jı'ɣmah]
Hallo!	allo!	[al'lo]
vragen (ww)	soruşmaq	[soruʃ'mah]
antwoorden (ww)	cavab vermək	[dʒa'vap vɛr'mæk]
horen (ww)	eşitmək	[ɛʃit'mæk]
goed (bw)	yaxşı	[jaχ'ʃı]
slecht (bw)	pis	['pis]
storingen (mv.)	maneələr	[manɛæ'lær]
hoorn (de)	dəstək	[dæs'tæk]
opnemen (ww)	dəstəyi götürmək	[dæstæ'jı gøtyr'mæk]
ophangen (ww)	dəstəyi qoymaq	[dæstæ'jı goj'mah]
bezet (bn)	məşğul	[mæʃɣul]
overgaan (ww)	zəng etmək	['zæng ɛt'mæk]
telefoonboek (het)	telefon kitabçası	[tɛlɛ'fon kitabtʃa'sı]
lokaal (bn)	yerli	[ɛr'li]
interlokaal (bn)	şəhərlərarası	[ʃæhærlærara'sı]
buitenlands (bn)	beynəlxalq	[bɛjnæl'χalh]

80. Mobiele telefoon

mobieltje (het)	mobil telefon	[mo'bil tɛlɛ'fon]
scherm (het)	displey	[disp'lɛj]
toets, knop (de)	düymə	[dyj'mæ]

simkaart (de)	SİM kart	['sim 'kart]
batterij (de)	batareya	[bata'rɛja]
leeg zijn (ww)	boşalmaq	[boʃal'mah]
acculader (de)	elektrik doldurucu cihaz	[ɛlɛkt'rik dolduru'dʒy dʒʲi'haz]
menu (het)	menyu	[mɛ'nju]
instellingen (mv.)	sazlamalar	[sazlama'lar]
melodie (beltoon)	melodiya	[mɛ'lodija]
selecteren (ww)	seçmək	[sɛtʃ'mæk]
rekenmachine (de)	kalkulyator	[kalʲku'lʲator]
voicemail (de)	avtomatik cavab verən	[avtoma'tik dʒʲa'vap vɛ'ræn]
wekker (de)	zəngli saat	[zæng'li sa'at]
contacten (mv.)	telefon kitabçası	[tɛlɛ'fon kitabtʃa'sı]
SMS-bericht (het)	SMS-xəbər	[ɛsɛ'mɛs xæ'bær]
abonnee (de)	abunəçi	[abunæ'tʃi]

81. Schrijfbehoeften

balpen (de)	diyircəkli avtoqələm	[dijırdʒʲæk'li avtogæ'læm]
vulpen (de)	ucluğu olan qələm	[udʒylʲu'ɣu o'lan gæ'læm]
potlood (het)	karandaş	[karan'daʃ]
marker (de)	markyor	[mar'kʲor]
viltstift (de)	flomaster	[flo'mastɛr]
notitieboekje (het)	bloknot	[blok'not]
agenda (boekje)	gündəlik	[gyndæ'lik]
liniaal (de/het)	xətkeş	[xæt'kɛʃ]
rekenmachine (de)	kalkulyator	[kalʲku'lʲator]
gom (de)	pozan	[po'zan]
punaise (de)	basmadüymə	[basmadyj'mæ]
paperclip (de)	qısqac	[gıs'gadʒʲ]
lijm (de)	yapışqan	[japıʃ'gan]
nietmachine (de)	stepler	['stɛplɛr]
perforator (de)	deşikaçan	[dɛʃika'tʃan]
potloodslijper (de)	qələm yonan	[gæ'læm jo'nan]

82. Soorten bedrijven

boekhouddiensten (mv.)	mühasibat xidmətləri	[myhasi'bat xidmætlæ'ri]
reclame (de)	reklam	[rɛk'lam]
reclamebureau (het)	reklam agentliyi	[rɛk'lam agɛntli'ji]
airconditioning (de)	kondisionerlər	[kondisionɛr'lær]
luchtvaartmaatschappij (de)	hava yolu şirkəti	[ha'va jo'lʲu ʃirkæ'ti]
alcoholische dranken (mv.)	spirtli içkilər	[spirt'li itʃki'lær]
antiek (het)	qədimi əşyalar	[gædi'mi æʃja'lar]
kunstgalerie (de)	qalereya	[galɛ'rɛja]

audit diensten (mv.)	auditor xidmətləri	[au'ditor χidmætlæ'ri]
banken (mv.)	bank biznesi	['bank 'biznɛsi]
bar (de)	bar	['bar]
schoonheidssalon (de/het)	gözəllik salonu	[gøzæl'lik salo'nu]
boekhandel (de)	kitab mağazası	[ki'tap ma'ɣazası]
bierbrouwerij (de)	pivə zavodu	[pi'væ zavo'du]
zakencentrum (het)	biznes mərkəzi	['biznɛs mærkæ'zi]
business school (de)	biznes məktəbi	['biznɛs mæktæ'bi]
casino (het)	kazino	[kazi'no]
bouwbedrijven (mv.)	inşaat	[inʃa'at]
adviesbureau (het)	konsaltinq	[kon'saltinh]
tandheelkunde (de)	stomatologiya	[stomato'logija]
design (het)	dizayn	[di'zajn]
apotheek (de)	aptek	[ap'tɛk]
stomerij (de)	kimyavi təmizləmə	[kimjæ'vi tæmizlæ'mæ]
uitzendbureau (het)	kadrlar agentliyi	['kadrlar agɛntli'jı]
financiële diensten (mv.)	maliyyə xidmətləri	[mali'æ χidmætlæ'ri]
voedingswaren (mv.)	ərzaq məhsulları	[ær'zah mæhsulla'rı]
uitvaartcentrum (het)	dəfn etmə bürosu	['dæfn ɛt'mæ byro'su]
meubilair (het)	mebel	['mɛbɛl]
kleding (de)	geyim	[gɛ'jım]
hotel (het)	mehmanxana	[mɛhmanχa'na]
IJsje (het)	dondurma	[dondur'ma]
industrie (de)	sənaye	[sæna'jɛ]
verzekering (de)	sığorta	[sıɣor'ta]
Internet (het)	internet	[intɛr'nɛt]
investeringen (mv.)	investisiyalar	[invɛs'tisijalar]
juwelier (de)	zərgər	[zær'gær]
juwelen (mv.)	zərgərlik məmulatı	[zærgær'lik mæmula'tı]
wasserette (de)	camaşırxana	[dʒʲamaʃırχa'na]
juridische diensten (mv.)	hüquqi xidmətlər	[hygu'gi χidmæt'lær]
lichte industrie (de)	yüngül sənaye	[jyn'gyl sæna'jɛ]
tijdschrift (het)	jurnal	[ʒur'nal]
postorderbedrijven (mv.)	kataloq üzrə ticarət	[ka'taloh juz'ræ tidʒʲa'ræt]
medicijnen (mv.)	təbabət	[tæba'bæt]
bioscoop (de)	kinoteatr	[kinotɛ'atr]
museum (het)	muzey	[mu'zɛj]
persbureau (het)	məlumat agentliyi	[mælʲu'mat agɛntli'jı]
krant (de)	qəzet	[gæ'zɛt]
nachtclub (de)	gecə klubu	[gɛ'dʒʲæ klʲu'bu]
olie (aardolie)	neft	['nɛft]
koerierdienst (de)	kuryer xidməti	[ku'rjɛr χidmætlæ'ri]
geneesmiddelen (mv.)	eczaçılıq	[ædʒʲzatʃı'lıh]
drukkerij (de)	mətbəə işləri	[mætbæ'æ iʃlæ'ri]
uitgeverij (de)	nəşriyyat	[næʃri'at]
radio (de)	radio	['radio]
vastgoed (het)	mülk	['mylʲk]

restaurant (het)	restoran	[rɛsto'ran]
bewakingsfirma (de)	mühafizə agentliyi	[myhafi'zæ agɛntli'jı]
sport (de)	idman	[id'man]
handelsbeurs (de)	birja	['birʒa]
winkel (de)	mağaza	[ma'ɣaza]
supermarkt (de)	supermarket	[supɛr'markɛt]
zwembad (het)	hovuz	[ho'vuz]
naaiatelier (het)	atelye	[atɛ'ljɛ]
televisie (de)	televiziya	[tɛlɛ'vizija]
theater (het)	teatr	[tɛ'atr]
handel (de)	ticarət	[tiʤa'ræt]
transport (het)	daşımalar	[daʃıma'lar]
toerisme (het)	turizm	[tu'rizm]
dierenarts (de)	baytar	[baj'tar]
magazijn (het)	anbar	[an'bar]
afvalinzameling (de)	zibilin daşınması	[zibi'lin daʃınma'sı]

Baan. Business. Deel 2

83. Show. Tentoonstelling

Nederlands	Azerbeidzjaans	Uitspraak
beurs (de)	sərgi	[sær'gi]
vakbeurs, handelsbeurs (de)	ticarət sərgisi	[tidʒʲa'ræt særgi'si]
deelneming (de)	iştirak	[iʃti'rak]
deelnemen (ww)	iştirak etmək	[iʃti'rak ɛt'mæk]
deelnemer (de)	iştirakçı	[iʃtirak'tʃı]
directeur (de)	direktor	[di'rɛktor]
organisatiecomité (het)	müdiriyyət, təşkilat komitəsi	[mydiri'æt], [tæʃki'lat komitæ'si]
organisator (de)	təşkilatçı	[tæʃkila'tʃı]
organiseren (ww)	təşkil etmək	[tæʃ'kil ɛt'mæk]
deelnemingsaanvraag (de)	iştirak etmək istəyi	[iʃti'rak ɛt'mæk istæ'jı]
invullen (een formulier ~)	doldurmaq	[doldur'mah]
details (mv.)	təfərrüatlar	[tæfærryat'lar]
informatie (de)	məlumat	[mælʲu'mat]
prijs (de)	qiymət	[gij'mæt]
inclusief (bijv. ~ BTW)	daxil olmaqla	[da'χil ol'magla]
inbegrepen (alles ~)	daxil olmaq	[da'χil ol'mah]
betalen (ww)	pulunu ödəmək	[pulʲu'nu ødæ'mæk]
registratietarief (het)	qeydiyyat haqqı	[gɛjdi'at hak'kı]
ingang (de)	giriş	[gi'riʃ]
paviljoen (het), hal (de)	pavilyon	[pavi'ljon]
registreren (ww)	qeyd etmək	['gɛjd æt'mæk]
badge, kaart (de)	bec	['bɛdʒʲ]
beursstand (de)	sərgi	[sær'gi]
reserveren (een stand ~)	sifariş etmək	[sifa'riʃ ɛt'mæk]
vitrine (de)	vitrin	[vit'rin]
licht (het)	çıraq	[tʃı'rah]
design (het)	dizayn	[di'zajn]
plaatsen (ww)	yerləşdirmək	[ɛrlæʃdir'mæk]
distributeur (de)	distribütor	[distri'bytor]
leverancier (de)	tədarükçü	[tædaryk'tʃu]
land (het)	ölkə	[øl'kæ]
buitenlands (bn)	xarici	[χari'dʒʲi]
product (het)	məhsul	[mæh'sul]
associatie (de)	birlik	[bir'lik]
conferentiezaal (de)	konfrans zalı	[kon'frans za'lı]

congres (het)	konqress	[kon'grɛss]
wedstrijd (de)	müsabiqə	[mysabi'gæ]
bezoeker (de)	ziyarətçi	[zijaræ'tʃi]
bezoeken (ww)	ziyarət etmək	[zija'ræt ɛt'mæk]
afnemer (de)	sifarişçi	[sifariʃ'tʃi]

84. Wetenschap. Onderzoek. Wetenschappers

wetenschap (de)	elm	['ɛlm]
wetenschappelijk (bn)	elmi	[ɛl'mi]
wetenschapper (de)	alim	[a'lim]
theorie (de)	nəzəriyyə	[næzæ'riæ]
axioma (het)	aksioma	[aksi'oma]
analyse (de)	təhlil	[tæh'lil]
analyseren (ww)	təhlil etmək	[tæh'lil ɛt'mæk]
argument (het)	dəlil	[dæ'lil]
substantie (de)	maddə	[mad'dæ]
hypothese (de)	fərziyyə	[færzi'æ]
dilemma (het)	dilemma	[di'lɛmma]
dissertatie (de)	dissertasiya	[dissɛr'tasija]
dogma (het)	doqma	['dogma]
doctrine (de)	doktrina	[dokt'rina]
onderzoek (het)	araşdırma	[araʃdır'ma]
onderzoeken (ww)	araşdırmaq	[araʃdır'mah]
toetsing (de)	yoxlama	[joχla'ma]
laboratorium (het)	laboratoriya	[labora'torija]
methode (de)	metod	['mɛtod]
molecule (de/het)	molekula	[mo'lɛkula]
monitoring (de)	monitoring	[moni'torinh]
ontdekking (de)	kəşf	['kæʃf]
postulaat (het)	postulat	[postu'lat]
principe (het)	prinsip	['prinsip]
voorspelling (de)	proqnoz	[prog'noz]
een prognose maken	proqnozlaşdırmaq	[prognozlaʃdır'mah]
synthese (de)	sintez	['sintɛz]
tendentie (de)	təmayül	[tæma'jul]
theorema (het)	teorema	[tɛo'rɛma]
leerstellingen (mv.)	nəzəriyyə	[næzæ'riæ]
feit (het)	fakt	['fakt]
expeditie (de)	ekspedisiya	[ɛkspɛ'disija]
experiment (het)	eksperiment	[ɛkspɛri'mɛnt]
academicus (de)	akademik	[aka'dɛmik]
bachelor (bijv. BA, LLB)	bakalavr	[baka'lavr]
doctor (de)	doktor	['doktor]
universitair docent (de)	dosent	[do'sɛnt]

| master, magister (de) | **magistr** | [ma'gistr] |
| professor (de) | **professor** | [pro'fɛssor] |

Beroepen en ambachten

85. Zoeken naar werk. Ontslag

baan (de)	iş	['iʃ]
werknemers (mv.)	ştat	['ʃtat]
carrière (de)	karyera	[kar'jɛra]
vooruitzichten (mv.)	perspektiv	[pɛrspɛk'tiv]
meesterschap (het)	ustalıq	[usta'lıh]
keuze (de)	seçmə	[sɛtʃ'mæ]
uitzendbureau (het)	kadrlar agentliyi	['kadrlar agɛntli'jı]
CV, curriculum vitae (het)	CV	[si'vi]
sollicitatiegesprek (het)	müsahibə	[mysahi'bæ]
vacature (de)	vakansiya	[va'kansija]
salaris (het)	əmək haqqı	[æ'mæk hak'kı]
vaste salaris (het)	maaş	[ma'aʃ]
loon (het)	haqq	['hagh]
betrekking (de)	vəzifə	[væzi'fæ]
taak, plicht (de)	vəzifə	[væzi'fæ]
takenpakket (het)	dairə	[dai'ræ]
bezig (~ zijn)	məşğul	[mæʃ'ɣul]
ontslagen (ww)	azad etmək	[a'zad ɛt'mæk]
ontslag (het)	azad edilmə	[a'zad ɛdil'mæ]
werkloosheid (de)	işsizlik	[iʃsiz'lik]
werkloze (de)	işsiz	[iʃ'siz]
pensioen (het)	təqaüd	[tæga'jud]
met pensioen gaan	təqaüdə çıxmaq	[tægay'dæ tʃıx'mah]

86. Zakenmensen

directeur (de)	direktor	[di'rɛktor]
beheerder (de)	idarə başçısı	[ida'ræ baʃtʃı'sı]
hoofd (het)	rəhbər	[ræh'bær]
baas (de)	müdir	[my'dir]
superieuren (mv.)	rəhbərlik	[ræhbær'lik]
president (de)	prezident	[prɛzi'dɛnt]
voorzitter (de)	sədr	['sædr]
adjunct (de)	müavin	[mya'vin]
assistent (de)	kömakçi	[kømæk'tʃi]
secretaris (de)	katibə	[kʲati'bæ]

persoonlijke assistent (de)	şəxsi katib	[ʃæχ'si ka'tip]
zakenman (de)	biznesmen	['biznɛsmɛn]
ondernemer (de)	sahibkar	[sahib'kʲar]
oprichter (de)	təsisçi	[tæsis'tʃi]
oprichten (een nieuw bedrijf ~)	təsis etmək	[tæ'sis ɛt'mæk]
stichter (de)	təsisçi	[tæsis'tʃi]
partner (de)	partnyor	[part'nʲor]
aandeelhouder (de)	səhmdar	[sæhm'dar]
miljonair (de)	milyoner	[miljo'nɛr]
miljardair (de)	milyarder	[miljar'dɛr]
eigenaar (de)	sahib	[sa'hip]
landeigenaar (de)	torpaq sahibi	[tor'pah sahi'bi]
klant (de)	müştəri	[myʃtæ'ri]
vaste klant (de)	daimi müştəri	[dai'mi myʃtæ'ri]
koper (de)	alıcı	[alı'dʒʲı]
bezoeker (de)	ziyarətçi	[zijaræ'tʃi]
professioneel (de)	peşəkar	[pɛʃæ'kar]
expert (de)	ekspert	[ɛks'pɛrt]
specialist (de)	mütəxəssis	[mytæχæs'sis]
bankier (de)	bank sahibi	['bank sahi'bi]
makelaar (de)	broker	['brokɛr]
kassier (de)	kassir	[kas'sir]
boekhouder (de)	mühasib	[myha'sip]
bewaker (de)	mühafizəçi	[myhafizæ'tʃi]
investeerder (de)	investor	[in'vɛstor]
schuldenaar (de)	borclu	[bordʒʲ'lʲu]
crediteur (de)	kreditor	[krɛdi'tor]
lener (de)	borc alan	['bordʒʲ a'lan]
importeur (de)	idxalatçı	[idχala'tʃı]
exporteur (de)	ixracatçı	[iχradʒʲa'tʃı]
producent (de)	istehsalçı	[istɛhsal'tʃı]
distributeur (de)	distribütor	[distri'bytor]
bemiddelaar (de)	vasitəçi	[vasitæ'tʃi]
adviseur, consulent (de)	məsləhətçi	[mæslæhæ'tʃi]
vertegenwoordiger (de)	təmsilçi	[tæmsil'tʃi]
agent (de)	agent	[a'gɛnt]
verzekeringsagent (de)	sığorta agenti	[sıɣor'ta agɛn'ti]

87. Dienstverlenende beroepen

kok (de)	aşpaz	[aʃ'paz]
chef-kok (de)	baş aşpaz	['baʃ aʃ'paz]
bakker (de)	çörəkçi	['tʃœræk'tʃi]

barman (de)	barmen	['barmɛn]
kelner, ober (de)	ofisiant	[ofisi'ant]
serveerster (de)	ofisiant qız	[ofisi'ant 'gız]
advocaat (de)	vəkil	[væ'kil]
jurist (de)	hüquqşünas	[hygukʃy'nas]
notaris (de)	notarius	[no'tarius]
elektricien (de)	montyor	[mon'tʲor]
loodgieter (de)	santexnik	[san'tɛχnik]
timmerman (de)	dülgər	[dylʲ'gær]
masseur (de)	masajçı	[masaʒ'tʃı]
masseuse (de)	masajçı qadın	[masaʒ'tʃı ga'dın]
dokter, arts (de)	həkim	[hæ'kim]
taxichauffeur (de)	taksi sürücüsü	[tak'si syrydʒy'sy]
chauffeur (de)	sürücü	[syry'dʒy]
koerier (de)	kuryer	[ku'rjɛr]
kamermeisje (het)	otaq qulluqçusu	[o'tah gullʲugtʃu'su]
bewaker (de)	mühafizəçi	[myhafizæ'tʃi]
stewardess (de)	stüardessa	[styar'dɛssa]
meester (de)	müəllim	[myæl'lim]
bibliothecaris (de)	kitabxanaçı	[kitapχana'tʃı]
vertaler (de)	tərcüməçi	[tærdʒymæ'tʃi]
tolk (de)	tərcüməçi	[tærdʒymæ'tʃi]
gids (de)	bələdçi	[bælæd'tʃi]
kapper (de)	bərbər	[bær'bær]
postbode (de)	poçtalyon	[potʃta'lʲon]
verkoper (de)	satıcı	[satı'dʒʲı]
tuinman (de)	bağban	[ba'ɣban]
huisbediende (de)	nökər	[nø'kær]
dienstmeisje (het)	ev qulluqçusu	['ɛv gullʲugtʃu'su]
schoonmaakster (de)	xadimə	[χadi'mæ]

88. Militaire beroepen en rangen

soldaat (rang)	sıravi	[sıra'vi]
sergeant (de)	çavuş	[tʃa'vuʃ]
luitenant (de)	leytenant	[lɛjtɛ'nant]
kapitein (de)	kapitan	[kapi'tan]
majoor (de)	mayor	[ma'jor]
kolonel (de)	polkovnik	[pol'kovnik]
generaal (de)	general	[gɛnɛ'ral]
maarschalk (de)	marşal	['marʃal]
admiraal (de)	admiral	[admi'ral]
militair (de)	hərbiçi	[hærbi'tʃi]
soldaat (de)	əsgər	[æs'gær]

officier (de)	zabit	[za'bit]
commandant (de)	komandir	[koman'dir]
grenswachter (de)	sərhəd keşikçisi	[sær'hæd kɛʃiktʃi'si]
marconist (de)	radist	[ra'dist]
verkenner (de)	kəşfiyyatçı	[kæʃfia'tʃɪ]
sappeur (de)	istehkamçı	[istɛhkam'tʃɪ]
schutter (de)	atıcı	[atɪ'dʒˈɪ]
stuurman (de)	şturman	['ʃturman]

89. Ambtenaren. Priesters

koning (de)	kral	['kral]
koningin (de)	kraliçə	[kra'litʃæ]
prins (de)	şahzadə	[ʃahza'dæ]
prinses (de)	şahzadə xanım	[ʃahza'dæ ɣa'nɪm]
tsaar (de)	çar	['tʃar]
tsarina (de)	çariçə	[tʃa'ritʃæ]
president (de)	prezident	[prɛzi'dɛnt]
minister (de)	nazir	[na'zir]
eerste minister (de)	baş nazir	['baʃ na'zir]
senator (de)	senator	[sɛ'nator]
diplomaat (de)	diplomat	[diplo'mat]
consul (de)	konsul	['konsul]
ambassadeur (de)	səfir	[sæ'fir]
adviseur (de)	müşavir	[myʃa'vir]
ambtenaar (de)	məmur	[mæ'mur]
prefect (de)	prefekt	[prɛ'fɛkt]
burgemeester (de)	şəhər icra hakimiyyətinin başçısı	[ʃæ'hær idʒˈˈra hakimiæti'nin baʃtʃɪ'sɪ]
rechter (de)	hakim	[ha'kim]
aanklager (de)	prokuror	[proku'ror]
missionaris (de)	missioner	[missio'nɛr]
monnik (de)	rahib	[ra'hip]
abt (de)	abbat	[ab'bat]
rabbi, rabbijn (de)	ravvin	['ravvin]
vizier (de)	vəzir	[væ'zir]
sjah (de)	şax	['ʃaɣ]
sjeik (de)	şeyx	['ʃɛjɣ]

90. Agrarische beroepen

imker (de)	arıçı	[arɪ'tʃɪ]
herder (de)	çoban	[tʃo'ban]

landbouwkundige (de)	aqronom	[agro'nom]
veehouder (de)	heyvandar	[hɛjvan'dar]
dierenarts (de)	baytar	[baj'tar]
landbouwer (de)	fermer	['fɛrmɛr]
wijnmaker (de)	şərabçı	[ʃærap'tʃı]
zoöloog (de)	zooloq	[zo'oloh]
cowboy (de)	kovboy	[kov'boj]

91. Kunst beroepen

acteur (de)	aktyor	[ak'tʲor]
actrice (de)	aktrisa	[akt'risa]
zanger (de)	müğənni	[myɣæn'ni]
zangeres (de)	müğənni qadın	[myɣæn'ni ga'dın]
danser (de)	rəqqas	[ræk'kas]
danseres (de)	rəqqasə	[rækka'sæ]
artiest (mann.)	artist	[ar'tist]
artiest (vrouw.)	artist qadın	[ar'tist ga'dın]
muzikant (de)	musiqiçi	[musigi'tʃi]
pianist (de)	pianoçu	[pi'anotʃu]
gitarist (de)	qitara çalan	[gi'tara tʃa'lan]
orkestdirigent (de)	dirijor	[diri'ʒor]
componist (de)	bəstəkar	[bæstæ'kar]
impresario (de)	impresario	[imprɛ'sario]
filmregisseur (de)	rejissor	[rɛʒis'sor]
filmproducent (de)	prodüser	[pro'dysɛr]
scenarioschrijver (de)	ssenarist	[ssɛna'rist]
criticus (de)	tənqidçi	[tængid'tʃi]
schrijver (de)	yazıçı	[jazı'tʃı]
dichter (de)	şair	[ʃa'ir]
beeldhouwer (de)	heykəltəraş	[hɛjkæltæ'raʃ]
kunstenaar (de)	rəssam	[ræs'sam]
jongleur (de)	jonqlyor	[ʒong'lʲor]
clown (de)	təlxək	[tæl'xæk]
acrobaat (de)	canbaz	[dʒan'baz]
goochelaar (de)	fokus göstərən	['fokus gøstæ'ræn]

92. Verschillende beroepen

dokter, arts (de)	həkim	[hæ'kim]
ziekenzuster (de)	tibb bacısı	['tibp badʒı'sı]
psychiater (de)	psixiatr	[psiχi'atr]
tandarts (de)	stomatoloq	[stoma'toloh]

chirurg (de)	cərrah	[dʒˈærˈrah]
astronaut (de)	astronavt	[astroˈnavt]
astronoom (de)	astronom	[astroˈnom]
chauffeur (de)	sürücü	[syryˈdʒy]
machinist (de)	maşınsürən	[maʃınsyˈræn]
mecanicien (de)	mexanik	[mɛˈχanik]
mijnwerker (de)	qazmaçı	[gazmaˈtʃı]
arbeider (de)	fəhlə	[fæhˈlæ]
bankwerker (de)	çilingər	[tʃilinˈɣær]
houtbewerker (de)	xarrat	[χarˈrat]
draaier (de)	tornaçı	[tornaˈtʃı]
bouwvakker (de)	inşaatçı	[inʃaaˈtʃı]
lasser (de)	qaynaqçı	[gajnagˈtʃı]
professor (de)	professor	[proˈfɛssor]
architect (de)	memar	[mɛˈmar]
historicus (de)	tarixçi	[tariχˈtʃi]
wetenschapper (de)	alim	[aˈlim]
fysicus (de)	fizik	[ˈfizik]
scheikundige (de)	kimyaçı	[kimjaˈtʃı]
archeoloog (de)	arxeoloq	[arχɛˈoloh]
geoloog (de)	qeoloq	[gɛˈoloh]
onderzoeker (de)	tədqiqatçı	[tædgigaˈtʃı]
babysitter (de)	dayə	[daˈjæ]
leraar, pedagoog (de)	pedaqoq	[pɛdaˈgoh]
redacteur (de)	redaktor	[rɛˈdaktor]
chef-redacteur (de)	baş redaktor	[ˈbaʃ rɛˈdaktor]
correspondent (de)	müxbir	[myχˈbir]
typiste (de)	makinaçı	[maˈkinatʃı]
designer (de)	dizayner	[diˈzajnɛr]
computerexpert (de)	bilgisayar ustası	[bilgisaˈjar ustaˈsı]
programmeur (de)	proqramçı	[programˈtʃı]
ingenieur (de)	mühəndis	[myhɛnˈdis]
matroos (de)	dənizçi	[dæniˈztʃi]
zeeman (de)	matros	[matˈros]
redder (de)	xilas edən	[χiˈlas ɛˈdæn]
brandweerman (de)	yanğınsöndürən	[janɣınsøndyˈræn]
politieagent (de)	polis	[poˈlis]
nachtwaker (de)	gözətçi	[gøzæˈtʃi]
detective (de)	xəfiyyə	[χæfiˈæ]
douanier (de)	gömrük işçisi	[gømˈryk iʃtʃiˈsi]
lijfwacht (de)	şəxsi mühafizəçi	[ʃæχˈsi myhafizæˈtʃi]
gevangenisbewaker (de)	nəzarətçi	[næzaræˈtʃi]
inspecteur (de)	inspektor	[inˈspɛktor]
sportman (de)	idmançı	[idmanˈtʃı]
trainer (de)	məşqçi	[mæʃgˈtʃi]

slager, beenhouwer (de)	qəssab	[gæs'sap]
schoenlapper (de)	çəkməçi	[tʃækmæ'tʃi]
handelaar (de)	ticarətçi	[tidʒʲaræ'tʃi]
lader (de)	malyükləyən	[malʲyklæ'jæn]
kledingstilist (de)	modelçi	[modɛl'tʃi]
model (het)	model	[mo'dɛl]

93. Beroepen. Sociale status

scholier (de)	məktəbli	[mæktæb'li]
student (de)	tələbə	[tælæ'bæ]
filosoof (de)	fəlsəfəçi	[fælsæfæ'tʃi]
econoom (de)	iqdisadçı	[igtisad'tʃı]
uitvinder (de)	ixtiraçı	[ixtira'tʃı]
werkloze (de)	işsiz	[iʃ'siz]
gepensioneerde (de)	təqaüdçü	[tægayd'tʃu]
spion (de)	casus	[dʒʲa'sus]
gedetineerde (de)	dustaq	[dus'tah]
staker (de)	tətilçi	[tætil'tʃi]
bureaucraat (de)	bürokrat	[byrok'rat]
reiziger (de)	səyahətçi	[sæjahæ'tʃi]
homoseksueel (de)	homoseksualist	[homosɛksua'list]
hacker (computerkraker)	xaker	['χakɛr]
bandiet (de)	quldur	[gul'dur]
huurmoordenaar (de)	muzdlu qatil	[muzd'lʲu 'gatil]
drugsverslaafde (de)	narkoman	[narko'man]
drugshandelaar (de)	narkotik alverçisi	[narko'tik alvɛrtʃi'si]
prostituee (de)	fahişə	[fahi'ʃæ]
pooier (de)	qadın alverçisi	[ga'dın alvɛrtʃi'si]
tovenaar (de)	cadugər	[dʒʲadu'gær]
tovenares (de)	cadugər qadın	[dʒʲadu'gær ga'dın]
piraat (de)	dəniz qulduru	[dæ'niz guldu'ru]
slaaf (de)	kölə	[kø'læ]
samoerai (de)	samuray	[samu'raj]
wilde (de)	vəhşi adam	[væh'ʃi a'dam]

Onderwijs

94. School

school (de)	məktəb	[mæk'tæp]
schooldirecteur (de)	məktəb direktoru	[mæk'tæp di'rɛktoru]
leerling (de)	şagird	[ʃa'gird]
leerlinge (de)	şagird qız	[ʃa'gird 'gız]
scholier (de)	məktəbli	[mæktæb'li]
scholiere (de)	məktəbli qız	[mæktæb'li 'gız]
leren (lesgeven)	öyrətmək	[øjræt'mæk]
studeren (bijv. een taal ~)	öyrənmək	[øjræn'mæk]
van buiten leren	əzbər öyrənmək	[æz'bær øjræn'mæk]
leren (bijv. ~ tellen)	öyrənmək	[øjræn'mæk]
in school zijn (schooljongen zijn)	oxumaq	[oχu'mah]
naar school gaan	məktəbə getmək	[mæktæ'bæ gɛt'mæk]
alfabet (het)	əlifba	[ælifˈba]
vak (schoolvak)	fənn	['fænn]
klaslokaal (het)	sinif	[si'nif]
les (de)	dərs	['dærs]
pauze (de)	tənəffüs	[tænæfˈfys]
bel (de)	zəng	['zænh]
schooltafel (de)	parta	['parta]
schoolbord (het)	yazı taxtası	[ja'zı taχta'sı]
cijfer (het)	qiymət	[gij'mæt]
goed cijfer (het)	yaxşı qiymət	[jaχ'ʃı gij'mæt]
slecht cijfer (het)	pis qiymət	['pis gij'mæt]
een cijfer geven	qiymət yazmaq	[gij'mæt jaz'mah]
fout (de)	səhv	['sæhv]
fouten maken	səhv etmək	['sæhv ɛt'mæk]
corrigeren (fouten ~)	düzəltmək	[dyzælt'mæk]
spiekbriefje (het)	şparqalka	[ʃpar'galka]
huiswerk (het)	ev tapşırığı	['ɛv tapʃırı'ɣı]
oefening (de)	məşğələ	[mæʃɣæ'læ]
aanwezig zijn (ww)	iştirak etmək	[iʃti'rak ɛt'mæk]
absent zijn (ww)	iştirak etməmək	[iʃti'rak 'ɛtmæmæk]
bestraffen (een stout kind ~)	cəzalandırmaq	[dʒʲæzalandır'mah]
bestraffing (de)	cəza	[dʒʲæ'za]
gedrag (het)	əxlaq	[æχ'lah]

cijferlijst (de)	gündəlik	[gyndæ'lik]
potlood (het)	karandaş	[karan'daʃ]
gom (de)	pozan	[po'zan]
krijt (het)	təbaşir	[tæba'ʃir]
pennendoos (de)	qələmdan	[gælæm'dan]
boekentas (de)	portfel	[port'fɛl]
pen (de)	qələm	[gæ'læm]
schrift (de)	dəftər	[dæf'tær]
leerboek (het)	dərslik	[dærs'lik]
passer (de)	pərgar	[pær'gʲar]
technisch tekenen (ww)	cızmaq	[dʒʲɯz'mah]
technische tekening (de)	cizgi	[dʒʲiz'gi]
gedicht (het)	şer	['ʃɛr]
van buiten (bw)	əzbərdən	[æzbær'dæn]
van buiten leren	əzbər öyrənmək	[æz'bær øjræn'mæk]
vakantie (de)	tətil	[tæ'til]
met vakantie zijn	tətilə çıxmaq	[tæti'læ tʃɯx'mah]
toets (schriftelijke ~)	yoxlama işi	[joxla'ma i'ʃi]
opstel (het)	inşa	[in'ʃa]
dictee (het)	imla	[im'la]
examen (het)	imtahan	[imta'han]
examen afleggen	imtahan vermək	[imta'han vɛr'mæk]
experiment (het)	təcrübə	[tædʒʲry'bæ]

95. Hogeschool. Universiteit

academie (de)	akademiya	[aka'dɛmija]
universiteit (de)	universitet	[univɛrsi'tɛt]
faculteit (de)	fakültə	[fakul'tæ]
student (de)	tələbə	[tælæ'bæ]
studente (de)	tələbə qız	[tælæ'bæ 'gɯz]
leraar (de)	müəllim	[myæl'lim]
collegezaal (de)	auditoriya	[audi'torija]
afgestudeerde (de)	məzun	[mæ'zun]
diploma (het)	diplom	[dip'lom]
dissertatie (de)	dissertasiya	[dissɛr'tasija]
onderzoek (het)	tədqiqat	[tædgi'gat]
laboratorium (het)	laboratoriya	[labora'torija]
college (het)	leksiya	['lɛksija]
medestudent (de)	kurs yoldaşı	['kurs jolda'ʃɯ]
studiebeurs (de)	təqaüd	[tæga'jud]
academische graad (de)	elmi dərəcə	[ɛl'mi dæræ'dʒʲæ]

96. Wetenschappen. Disciplines

wiskunde (de)	riyaziyyat	[riazi'at]
algebra (de)	cəbr	['dʒʲæbr]
meetkunde (de)	həndəsə	[hændæ'sæ]

astronomie (de)	astronomiya	[astro'nomija]
biologie (de)	biologiya	[bio'logija]
geografie (de)	coğrafiya	[dʒʲo'ɣrafija]
geologie (de)	qeoloqiya	[gɛo'logija]
geschiedenis (de)	tarix	[ta'riχ]

geneeskunde (de)	təbabət	[tæba'bæt]
pedagogiek (de)	pedaqoqika	[pɛda'gogika]
rechten (mv.)	hüquq	[hy'guh]

fysica, natuurkunde (de)	fizika	['fizika]
scheikunde (de)	kimya	['kimja]
filosofie (de)	fəlsəfə	[fælsæ'fæ]
psychologie (de)	psixoloqiya	[psiχo'logija]

97. Schrift. Spelling

grammatica (de)	qrammatika	[gram'matika]
vocabulaire (het)	leksika	['lɛksika]
fonetiek (de)	fonetika	[fo'nɛtika]

zelfstandig naamwoord (het)	isim	['isim]
bijvoeglijk naamwoord (het)	sifət	[si'fæt]
werkwoord (het)	fel	['fɛl]
bijwoord (het)	zərf	['zærf]

voornaamwoord (het)	əvəzlik	[ævæz'lik]
tussenwerpsel (het)	nida	[ni'da]
voorzetsel (het)	önlük	[øn'lyk]

stam (de)	sözün kökü	[sø'zyn kø'ky]
achtervoegsel (het)	sonluq	[son'lʲuh]
voorvoegsel (het)	önşəkilçi	[ønʃækil'tʃi]
lettergreep (de)	heca	[hɛ'dʒʲa]
achtervoegsel (het)	şəkilçi	[ʃækil'tʃi]

nadruk (de)	vurğu	[vur'ɣu]
afkappingsteken (het)	apostrof	[apost'rof]

punt (de)	nöqtə	[nøg'tæ]
komma (de/het)	verqül	[vɛr'gyl]
puntkomma (de)	nöqtəli verqül	[nøgtæ'li vɛr'gyl]
dubbelpunt (de)	iki nöqtə	[i'ki nøg'tæ]
beletselteken (het)	nöqtələr	[nøgtæ'lær]

vraagteken (het)	sual işarəsi	[su'al iʃaræ'si]
uitroepteken (het)	nida işarəsi	[ni'da iʃaræ'si]

aanhalingstekens (mv.)	dırnaq	[dır'nah]
tussen aanhaalingstekens (bw)	dırnaq arası	[dır'nah ara'sı]
haakjes (mv.)	mötərizə	[møtæri'zæ]
tussen haakjes (bw)	mötərizədə	[møtærizæ'dæ]

streepje (het)	defis	[dɛ'fis]
gedachtestreepje (het)	tire	[ti'rɛ]
spatie	ara	[a'ra]
(~ tussen twee woorden)		

| letter (de) | hərf | ['hærf] |
| hoofdletter (de) | böyük hərf | [bø'juk 'hærf] |

| klinker (de) | sait səs | [sa'it 'sæs] |
| medeklinker (de) | samit səs | [sa'mit 'sæs] |

zin (de)	cümlə	[dʒym'læ]
onderwerp (het)	mübtəda	[myptæ'da]
gezegde (het)	xəbər	[χæ'bær]

regel (in een tekst)	sətir	[sæ'tir]
op een nieuwe regel (bw)	yeni sətirdən	[ɛ'ni sætir'dæn]
alinea (de)	abzas	['abzas]

woord (het)	söz	['søz]
woordgroep (de)	söz birləşməsi	[søz birlæʃmæ'si]
uitdrukking (de)	ifadə	[ifa'dæ]
synoniem (het)	sinonim	[si'nonim]
antoniem (het)	antonim	[an'tonim]

regel (de)	qayda	[gaj'da]
uitzondering (de)	istisna	[istis'na]
correct (bijv. ~e spelling)	düzgün	[dyz'gyn]

vervoeging, conjugatie (de)	təsrif	[tæs'rif]
verbuiging, declinatie (de)	hallanma	[hallan'ma]
naamval (de)	hal	['hal]
vraag (de)	sual	[su'al]
onderstrepen (ww)	altından xətt çəkmək	[altın'dan 'χætt tʃæk'mæk]
stippellijn (de)	punktir	[punk'tir]

98. Vreemde talen

taal (de)	dil	['dil]
vreemde taal (de)	xarici dil	[χari'dʒi dil]
leren (bijv. van buiten ~)	öyrənmək	[øjræn'mæk]
studeren (Nederlands ~)	öyrənmək	[øjræn'mæk]

lezen (ww)	oxumaq	[oχu'mah]
spreken (ww)	danışmaq	[danıʃ'mah]
begrijpen (ww)	başa düşmək	[ba'ʃa dyʃ'mæk]
schrijven (ww)	yazmaq	[jaz'mah]
snel (bw)	cəld	['dʒæld]
langzaam (bw)	yavaş	[ja'vaʃ]

vloeiend (bw)	sərbəst	[sær'bæst]
regels (mv.)	qaydalar	[gajda'lar]
grammatica (de)	qrammatika	[gram'matika]
vocabulaire (het)	leksika	['lɛksika]
fonetiek (de)	fonetika	[fo'nɛtika]
leerboek (het)	dərslik	[dærs'lik]
woordenboek (het)	lüğət	[ly'ɣæt]
leerboek (het) voor zelfstudie	rəhbər	[ræh'bær]
taalgids (de)	danışıq kitabı	[danı'ʃih kita'bı]
cassette (de)	kasset	[kas'sɛt]
videocassette (de)	video kasset	['vidɛo kas'sɛt]
CD (de)	SD diski	[si'di dis'ki]
DVD (de)	DVD	[divi'di]
alfabet (het)	əlifba	[ælif'ba]
spellen (ww)	hərf-hərf danışmaq	['hærf 'hærf danıʃ'mah]
uitspraak (de)	>	[tælæf'fyz]
accent (het)	aksent	[ak'sɛnt]
met een accent (bw)	aksentlə danışmaq	[ak'sɛntlæ danıʃ'mah]
zonder accent (bw)	aksentsiz danışmaq	[aksɛn'tsiz danıʃ'mah]
woord (het)	söz	['søz]
betekenis (de)	məna	[mæ'na]
cursus (de)	kurslar	[kurs'lar]
zich inschrijven (ww)	yazılmaq	[jazıl'mah]
leraar (de)	müəllim	[myæl'lim]
vertaling (een ~ maken)	tərcümə	[tærdʒy'mæ]
vertaling (tekst)	tərcümə	[tærdʒy'mæ]
vertaler (de)	tərcüməçi	[tærdʒymæ'tʃi]
tolk (de)	tərcüməçi	[tærdʒymæ'tʃi]
polyglot (de)	poliqlot	[polig'lot]
geheugen (het)	yaddaş	[jad'daʃ]

Rusten. Entertainment. Reizen

99. Trip. Reizen

toerisme (het)	turizm	[tu'rizm]
toerist (de)	turist	[tu'rist]
reis (de)	səyahət	[sæja'hæt]
avontuur (het)	macəra	[madʒʲæ'ra]
tocht (de)	səfər	[sæ'fær]
vakantie (de)	məzuniyyət	[mæzuni'æt]
met vakantie zijn	məzuniyyətdə olmaq	[mæzuniæt'dæ ol'mah]
rust (de)	istirahət	[istira'hæt]
trein (de)	qatar	[ga'tar]
met de trein	qatarla	[ga'tarla]
vliegtuig (het)	təyyarə	[tæja'ræ]
met het vliegtuig	təyyarə ilə	[tæja'ræ i'læ]
met de auto	maşınla	[ma'ʃınla]
per schip (bw)	gəmidə	[gæmi'dæ]
bagage (de)	baqaj	[ba'gaʒ]
valies (de)	çamadan	[tʃama'dan]
bagagekarretje (het)	baqaj üçün araba	[ba'gaʒ ju'tʃun ara'ba]
paspoort (het)	pasport	['pasport]
visum (het)	viza	['viza]
kaartje (het)	bilet	[bi'lɛt]
vliegticket (het)	təyyarə bileti	[tæja'ræ bilɛ'ti]
reisgids (de)	soraq kitabçası	[so'rah kitabtʃa'sı]
kaart (de)	xəritə	[χæri'tæ]
gebied (landelijk ~)	yer	['ɛr]
plaats (de)	yer	['ɛr]
exotische bestemming (de)	ekzotika	[ɛk'zotika]
exotisch (bn)	ekzotik	[ɛkzo'tik]
verwonderlijk (bn)	təəccüb doğuran	[taæ'dʒyp doɣu'ran]
groep (de)	qrup	['grup]
rondleiding (de)	ekskursiya	[ɛks'kursija]
gids (de)	ekskursiya rəhbəri	[ɛks'kursija ræhbæ'ri]

100. Hotel

hotel (het)	mehmanxana	[mɛhmanχa'na]
motel (het)	motel	[mo'tɛl]
3-sterren	3 ulduzlu	['jutʃ ulduz'lʲu]

Nederlands	Azerbeidzjaans	Uitspraak
5-sterren overnachten (ww)	5 ulduzlu qalmaq	['bɛʃ ulduz'lʲu] [gal'mah]
kamer (de)	nömrə	[nøm'ræ]
eenpersoonskamer (de)	bir nəfərlik nömrə	['bir næfær'lik nøm'ræ]
tweepersoonskamer (de)	iki nəfərlik nömrə	[i'ki næfær'lik nøm'ræ]
een kamer reserveren	nömrə təxsis etmək	[nøm'ræ tæχ'sis ɛt'mæk]
halfpension (het)	yarım pansion	[ja'rım pansi'on]
volpension (het)	tam pansion	['tam pansi'on]
met badkamer	vannası olan nömrə	[vanna'sı o'lan nøm'ræ]
met douche	duşu olan nömrə	[du'ʃu o'lan nøm'ræ]
satelliet-tv (de)	peyk televiziyası	['pɛjk tɛlɛ'vizijası]
airconditioner (de)	kondisioner	[kondisio'nɛr]
handdoek (de)	dəsmal	[dæs'mal]
sleutel (de)	açar	[a'tʃar]
administrateur (de)	müdir	[my'dir]
kamermeisje (het)	otaq qulluqçusu	[o'tah gullʲugtʃu'su]
piccolo (de)	yükdaşıyan	[jykdaʃı'jan]
portier (de)	qapıçı	[gapı'tʃı]
restaurant (het)	restoran	[rɛsto'ran]
bar (de)	bar	['bar]
ontbijt (het)	səhər yeməyi	[sæ'hær ɛmɛ'jı]
avondeten (het)	axşam yeməyi	[aχ'ʃam ɛmɛ'jı]
buffet (het)	İsveç masası	[is'vɛtʃ masa'sı]
hal (de)	vestibül	[vɛsti'byl]
lift (de)	lift	['lift]
NIET STOREN	NARAHAT ETMƏYİN!	[nara'hat 'ɛtmæjın]
VERBODEN TE ROKEN!	SİQARET ÇƏKMƏYİN!	[siga'rɛt 'tʃækmæjın]

TECHNISCHE APPARATUUR. VERVOER

Technische apparatuur

101. Computer

computer (de)	bilgisayar	[bilgisa'jar]
laptop (de)	noutbuk	['noutbuk]
aanzetten (ww)	işə salmaq	[i'ʃæ sal'mah]
uitzetten (ww)	söndürmək	[søndyr'mæk]
toetsenbord (het)	klaviatura	[klavia'tura]
toets (enter~)	dil	['dil]
muis (de)	bilgisayar siçanı	[bilgisa'jar sitʃa'nı]
muismat (de)	altlıq	[alt'lıh]
knopje (het)	düymə	[dyj'mæ]
cursor (de)	kursor	[kur'sor]
monitor (de)	monitor	[moni'tor]
scherm (het)	ekran	[ɛk'ran]
harde schijf (de)	sərt disk	['sært 'disk]
volume (het) van de harde schijf	sərt diskin həcmi	['sært dis'kin hædʒ'mi]
geheugen (het)	yaddaş	[jad'daʃ]
RAM-geheugen (het)	operativ yaddaş	[opɛra'tiv jad'daʃ]
bestand (het)	fayl	['fajl]
folder (de)	qovluq	[gov'lʲuh]
openen (ww)	açmaq	[atʃ'mah]
sluiten (ww)	bağlamaq	[baɣla'mah]
opslaan (ww)	saxlamaq	[saχla'mah]
verwijderen (wissen)	silmək	[sil'mæk]
kopiëren (ww)	kopyalamaq	[kopjala'mah]
sorteren (ww)	çeşidləmək	[tʃɛʃidlæ'mæk]
overplaatsen (ww)	yenidən yazmaq	[ɛni'dæn jaz'mah]
programma (het)	proqram	[prog'ram]
software (de)	proqram təminatı	[prog'ram tæmina'tı]
programmeur (de)	proqramçı	[program'tʃı]
programmeren (ww)	proqramlaşdırmaq	[programlaʃdır'mah]
hacker (computerkraker)	xaker	['χakɛr]
wachtwoord (het)	parol	[pa'rol]
virus (het)	virus	['virus]
ontdekken (virus ~)	aşkar etmək	[aʃ'kʲar ɛt'mæk]

| byte (de) | bayt | ['bajt] |
| megabyte (de) | meqabayt | [mɛga'bajt] |

| data (de) | məlumatlar | [mælʲumat'lar] |
| databank (de) | məlumatlar bazası | [mælʲumat'lar 'bazası] |

kabel (USB-~, enz.)	kabel	['kabɛl]
afsluiten (ww)	ayırmaq	[ajır'mah]
aansluiten op (ww)	qoşmaq	[goʃ'mah]

102. Internet. E-mail

internet (het)	internet	[intɛr'nɛt]
browser (de)	brauzer	['brauzɛr]
zoekmachine (de)	axtarış mənbəyi	[aχta'rıʃ mænbæ'i]
internetprovider (de)	provayder	[provaj'dɛr]

webmaster (de)	veb ustası	['vɛp usta'sı]
website (de)	veb-sayt	['vɛp 'sajt]
webpagina (de)	veb-səhifə	['vɛp sæi'fæ]

| adres (het) | ünvan | [yn'van] |
| adresboek (het) | ünvan kitabı | [yn'van kita'bı] |

| postvak (het) | poçt qutusu | ['potʃt gutu'su] |
| post (de) | poçt | ['potʃt] |

bericht (het)	ismarıc	[isma'rıdʒʲ]
verzender (de)	göndərən	[gøndæ'ræn]
verzenden (ww)	göndərmək	[gøndær'mæk]
verzending (de)	göndərilmə	[gøndæril'mæ]

| ontvanger (de) | alan | [a'lan] |
| ontvangen (ww) | almaq | [al'mah] |

| correspondentie (de) | məktublaşma | [mæktublaʃ'ma] |
| corresponderen (met ...) | məktublaşmaq | [mæktublaʃ'mah] |

bestand (het)	fayl	['fajl]
downloaden (ww)	kopyalamaq	[kopjala'mah]
creëren (ww)	yaratmaq	[jarat'mah]
verwijderen (een bestand ~)	silmək	[sil'mæk]
verwijderd (bn)	silinmiş	[silin'miʃ]

verbinding (de)	bağlantı	[baɣlan'tı]
snelheid (de)	surət	[su'ræt]
modem (de)	modem	[mo'dɛm]
toegang (de)	yol	['jol]
poort (de)	giriş	[gi'riʃ]

aansluiting (de)	qoşulma	[goʃul'ma]
zich aansluiten (ww)	qoşulmaq	[goʃul'mah]
selecteren (ww)	seçmək	[sɛtʃ'mæk]
zoeken (ww)	axtarmaq	[aχtar'mah]

103. Elektriciteit

elektriciteit (de)	elektrik	[ɛlɛkt'rik]
elektrisch (bn)	elektrik	[ɛlɛkt'rik]
elektriciteitscentrale (de)	elektrik stansiyası	[ɛlɛkt'rik 'stansijası]
energie (de)	enerji	[ɛnɛr'ʒi]
elektrisch vermogen (het)	elektrik enerjisi	[ɛlɛkt'rik ɛnɛrʒi'si]
lamp (de)	lampa	[lam'pa]
zaklamp (de)	əl fənəri	['æl fænæ'ri]
straatlantaarn (de)	küçə fənəri	[ky'tʃæ fænæ'ri]
licht (elektriciteit)	işıq	[i'ʃih]
aandoen (ww)	qoşmaq	[goʃ'mah]
uitdoen (ww)	söndürmək	[søndyr'mæk]
het licht uitdoen	işığı söndürmək	[iʃi'ɣɪ søndyr'mæk]
doorbranden (gloeilamp)	yanmaq	[jan'mah]
kortsluiting (de)	qısa qapanma	[gɪ'sa gapan'ma]
onderbreking (de)	qırılma	[gɪrɪl'ma]
contact (het)	birləşmə	[birlæʃ'mæ]
schakelaar (de)	elektrik açarı	[ɛlɛkt'rik atʃa'rɪ]
stopcontact (het)	rozetka	[rozɛt'ka]
stekker (de)	ştepsel	[ʃ'tɛpsɛl]
verlengsnoer (de)	uzadıcı	[uzadɪ'dʑɪ]
zekering (de)	qoruyucu	[goruy'dʑy]
kabel (de)	məftil	[mæf'til]
bedrading (de)	şəbəkə	[ʃæbæ'kæ]
ampère (de)	amper	[am'pɛr]
stroomsterkte (de)	cərəyən gücü	[dʑˈæræ'jæn gy'dʑy]
volt (de)	volt	['volt]
spanning (de)	gərginlik	[gærgin'lik]
elektrisch toestel (het)	elektrik cihaz	[ɛlɛkt'rik dʑi'haz]
indicator (de)	indikator	[indi'kator]
elektricien (de)	elektrik	[ɛ'lɛktrik]
solderen (ww)	lehimləmək	[lɛhimlæ'mæk]
soldeerbout (de)	lehim aləti	[lɛ'him alæ'ti]
stroom (de)	cərəyan	[dʑˈæræ'jæn]

104. Gereedschappen

werktuig (stuk gereedschap)	alət	[a'læt]
gereedschap (het)	alətlər	[alæt'lær]
uitrusting (de)	avadanlıq	[avadan'lɪh]
hamer (de)	çəkic	[tʃæ'kidʑ]
schroevendraaier (de)	vintaçan	[vinta'tʃan]
bijl (de)	balta	[bal'ta]

zaag (de)	mişar	[mi'ʃar]
zagen (ww)	mişarlamaq	[miʃarla'mah]
schaaf (de)	rəndə	[ræn'dæ]
schaven (ww)	rəndələmək	[rændælæ'mæk]
soldeerbout (de)	lehim aləti	[lɛ'him alæ'ti]
solderen (ww)	lehimləmək	[lɛhimlæ'mæk]
vijl (de)	suvand	[su'vand]
nijptang (de)	kəlbətin	[kælbæ'tin]
combinatietang (de)	yastıağız kəlbətin	[jastıa'ɣız kælbæ'tin]
beitel (de)	iskənə	[iskæ'næ]
boorkop (de)	burğu	[bur'ɣu]
boormachine (de)	burğu	[bur'ɣu]
boren (ww)	deşmək	[dɛʃ'mæk]
mes (het)	bıçaq	[bı'ʧah]
lemmet (het)	uc	['udʒʲ]
scherp (bijv. ~ mes)	iti	[i'ti]
bot (bn)	küt	['kyt]
bot raken (ww)	kütləşmək	[kytlæʃ'mæk]
slijpen (een mes ~)	itiləmək	[itilæ'mæk]
bout (de)	bolt	['bolt]
moer (de)	qayka	[gaj'ka]
schroefdraad (de)	yiv	['jıv]
houtschroef (de)	şurup	[ʃu'rup]
nagel (de)	mismar	[mis'mar]
kop (de)	baş	['baʃ]
liniaal (de/het)	xətkeş	[xæt'kɛʃ]
rolmeter (de)	ölçü lenti	[øl'ʧu lɛn'ti]
waterpas (de/het)	səviyyə ölçən cihaz	[sævi'æ øl'ʧæn dʒʲi'haz]
loep (de)	zərrəbin	[zærræ'bin]
meetinstrument (het)	ölçü cihazı	[øl'ʧu dʒʲiha'zı]
opmeten (ww)	ölçmək	[ølʧ'mæk]
schaal (meetschaal)	şkala	[ʃka'la]
gegevens (mv.)	göstərici	[gøstɛri'dʒʲi]
compressor (de)	kompressor	[kom'prɛssor]
microscoop (de)	mikroskop	[mikro'skop]
pomp (de)	nasos	[na'sos]
robot (de)	robot	[ro'bot]
laser (de)	lazer	['lazɛr]
moersleutel (de)	qayka açarı	[gaj'ka aʧa'rı]
plakband (de)	lent-skoç	['lɛnt 'skotʃ]
lijm (de)	yapışqan	[japıʃ'gan]
schuurpapier (het)	sumbata kağızı	[sumba'ta kaɣı'zı]
veer (de)	yay	['jaj]
magneet (de)	maqnit	[mag'nit]

handschoenen (mv.)	əlcək	[æl'dʒʲæk]
touw (bijv. henneptouw)	kəndir	[kæn'dir]
snoer (het)	ip	['ip]
draad (de)	məftil	[mæf'til]
kabel (de)	kabel	['kabɛl]

moker (de)	ağır cəkic	[a'ɣɪr ʧæ'kidʒʲ]
breekijzer (het)	link	['link]
ladder (de)	nərdivan	[nærdi'van]
trapje (inklapbaar ~)	əl nərdivanı	['æl nærdiva'nı]

aanschroeven (ww)	bərkitmək	[bærkit'mæk]
losschroeven (ww)	açmaq	[aʧ'mah]
dichtpersen (ww)	sıxmaq	[sıx'mah]
vastlijmen (ww)	yapışdırmaq	[japıʃdır'mah]
snijden (ww)	kəsmək	[kæs'mæk]

defect (het)	nasazlıq	[nasaz'lıh]
reparatie (de)	təmir	[tæ'mir]
repareren (ww)	təmir etmək	[tæ'mir ɛt'mæk]
regelen (een machine ~)	sazlamaq	[sazla'mah]

nakijken (ww)	yoxlamaq	[joxla'mah]
controle (de)	yoxlanış	[joxla'nıʃ]
gegevens (mv.)	sayğac göstəricisi	[saj'ɣadʒʲ gøstɛridʒʲi'si]

degelijk (bijv. ~ machine)	etibarlı	[ɛtibar'lı]
ingewikkeld (bn)	mürəkkəb	[myræk'kæp]

roesten (ww)	paslanmaq	[paslan'mah]
roestig (bn)	paslı	[pas'lı]
roest (de/het)	pas	['pas]

Vervoer

105. Vliegtuig

vliegtuig (het)	təyyarə	[tæja'ræ]
vliegticket (het)	təyyarə bileti	[tæja'ræ bilɛ'ti]
luchtvaartmaatschappij (de)	hava yolu şirkəti	[ha'va jo'lʲu ʃirkæ'ti]
luchthaven (de)	hava limanı	[ha'va lima'nı]
supersonisch (bn)	səsdən sürətli	[sæs'dæn syræt'li]

gezagvoerder (de)	hava gəmisinin komandiri	[ha'va gæmisi'nin komandi'ri]
bemanning (de)	heyyət	[hɛ'jæt]
piloot (de)	pilot	[pi'lot]
stewardess (de)	stüardessa	[styar'dɛssa]
stuurman (de)	şturman	['ʃturman]

vleugels (mv.)	qanadlar	[ganad'lar]
staart (de)	arxa	[ar'χa]
cabine (de)	kabina	[ka'bina]
motor (de)	mühərrik	[myhær'rik]
landingsgestel (het)	şassi	[ʃas'si]
turbine (de)	turbina	[tur'bina]

propeller (de)	propeller	[pro'pɛllɛr]
zwarte doos (de)	qara qutu	[ga'ra gu'tu]
stuur (het)	sükan çarxı	[sy'kʲan tʃar'χı]
brandstof (de)	yanacaq	[jana'dʒʲah]

veiligheidskaart (de)	təlimat	[tæli'mat]
zuurstofmasker (het)	oksigen maskası	[oksi'gɛn maska'sı]
uniform (het)	rəsmi paltar	[ræs'mi pal'tar]

reddingsvest (de)	xilas edici jilet	[χi'las ædi'dʒʲi ʒi'lɛt]
parachute (de)	paraşüt	[para'ʃyt]

opstijgen (het)	havaya qalxma	[hava'ja galχ'ma]
opstijgen (ww)	havaya qalxmaq	[hava'ja galχ'mah]
startbaan (de)	qalxma-enmə zolağı	[galχ'ma ɛn'mæ zola'ɣı]

zicht (het)	görünmə dərəcəsi	[gøryn'mæ dærædʒʲæ'si]
vlucht (de)	uçuş	[u'tʃuʃ]

hoogte (de)	hündürlük	[hyndyr'lyk]
luchtzak (de)	hava boşluğu	[ha'va boʃlʲu'ɣu]

plaats (de)	yer	['ɛr]
koptelefoon (de)	qulaqlıqlar	[gulaglıg'lar]
tafeltje (het)	qatlanan masa	[gatla'nan ma'sa]
venster (het)	illüminator	[illymi'nator]
gangpad (het)	keçid	[kɛ'tʃid]

106. Trein

trein (de)	qatar	[ga'tar]
elektrische trein (de)	elektrik qatarı	[ɛlɛkt'rik gata'rı]
sneltrein (de)	sürət qatarı	[sy'ræt gata'rı]
diesellocomotief (de)	teplovoz	[tɛplo'voz]
locomotief (de)	parovoz	[paro'voz]
rijtuig (het)	vaqon	[va'gon]
restauratierijtuig (het)	vaqon-restoran	[va'gon rɛsto'ran]
rails (mv.)	relslər	[rɛls'lær]
spoorweg (de)	dəmiryolu	[dæmirjo'lʲu]
dwarsligger (de)	şpal	['ʃpal]
perron (het)	platforma	[plat'forma]
spoor (het)	yol	['jol]
semafoor (de)	semafor	[sɛma'for]
halte (bijv. kleine treinhalte)	stansiya	['stansija]
machinist (de)	maşınsürən	[maʃınsy'ræn]
kruier (de)	yükdaşıyan	[jykdaʃı'jan]
conducteur (de)	belədçi	[bælæd'tʃi]
passagier (de)	sərnişin	[særni'ʃin]
controleur (de)	nəzarətçi	[næzaræ'tʃi]
gang (in een trein)	dəhliz	[dæh'liz]
noodrem (de)	stop-kran	['stop 'kran]
coupé (de)	kupe	[ku'pɛ]
bed (slaapplaats)	yataq yeri	[ja'tah ɛ'ri]
bovenste bed (het)	yuxarı yer	[juχa'rı 'ɛr]
onderste bed (het)	aşağı yer	[aʃa'γı 'ɛr]
beddengoed (het)	yataq dəyişəyi	[ja'tah dæiʃæ'jı]
kaartje (het)	bilet	[bi'lɛt]
dienstregeling (de)	cədvəl	[dʒʲæd'væl]
informatiebord (het)	lövhə	[løv'hæ]
vertrekken (De trein vertrekt …)	yola düşmək	[jo'la dyʃ'mæk]
vertrek (ov. een trein)	yola düşmə	[jo'la dyʃ'mæ]
aankomen (ov. de treinen)	gəlmək	[gæl'mæk]
aankomst (de)	gəlmə	[gæl'mæ]
aankomen per trein	qatarla gəlmək	[ga'tarla gæl'mæk]
in de trein stappen	qatara minmək	[gata'ra min'mæk]
uit de trein stappen	qatardan düşmək	[gatar'dan dyʃ'mæk]
treinwrak (het)	qəza	[gæ'za]
locomotief (de)	parovoz	[paro'voz]
stoker (de)	ocaqçı	[odʒ'ag'tʃı]
stookplaats (de)	odluq	[od'lʲuh]
steenkool (de)	kömür	[kø'myr]

107. Schip

schip (het)	gəmi	[gæ'mi]
vaartuig (het)	gəmi	[gæ'mi]
stoomboot (de)	paroxod	[paro'χod]
motorschip (het)	teploxod	[tɛplo'χod]
lijnschip (het)	layner	['lajnɛr]
kruiser (de)	kreyser	['krɛjsɛr]
jacht (het)	yaxta	['jaχta]
sleepboot (de)	yedək	[ɛ'dæk]
duwbak (de)	barja	['barʒa]
ferryboot (de)	bərə	[bæ'ræ]
zeilboot (de)	yelkənli qayıq	[ɛlkæn'li ga'jıh]
brigantijn (de)	briqantina	[brigan'tina]
IJsbreker (de)	buzqıran	[buzgı'ran]
duikboot (de)	sualtı qayıq	[sual'tı ga'jıh]
boot (de)	qayıq	[ga'jıh]
sloep (de)	şlyupka	['ʃlʲupka]
reddingssloep (de)	xilasetmə şlyupkası	[χilasɛt'mæ ʃlʲupka'sı]
motorboot (de)	kater	['katɛr]
kapitein (de)	kapitan	[kapi'tan]
zeeman (de)	matros	[mat'ros]
matroos (de)	dənizçi	[dæniz'tʃi]
bemanning (de)	heyyət	[hɛ'jæt]
bootsman (de)	bosman	['bosman]
scheepsjongen (de)	gəmi şagirdi	[gæ'mi ʃagir'di]
kok (de)	gəmi aşpazı	[gæ'mi aʃpa'zı]
scheepsarts (de)	gəmi həkimi	[gæ'mi hæki'mi]
dek (het)	göyərtə	[gøjær'tæ]
mast (de)	dirək	[di'ræk]
zeil (het)	yelkən	[ɛl'kæn]
ruim (het)	anbar	[an'bar]
voorsteven (de)	gəminin qabaq tərəfi	[gæmi'nin ga'bah tæræ'fi]
achtersteven (de)	gəminin arxa tərəfi	[gæmi'nin ar'χa tæræ'fi]
roeispaan (de)	avar	[a'var]
schroef (de)	pərvanə	[pærva'næ]
kajuit (de)	kayuta	[ka'juta]
officierskamer (de)	kayut-kompaniya	[ka'jut kom'panija]
machinekamer (de)	maşın bölməsi	[ma'ʃın bølmæ'si]
brug (de)	kapitan körpüsü	[kapi'tan kørpy'sy]
radiokamer (de)	radio-rubka	['radio 'rupka]
radiogolf (de)	radio dalğası	['radio dalɣa'sı]
logboek (het)	gəmi jurnalı	[gæ'mi ʒurna'lı]
verrekijker (de)	müşahidə borusu	[myʃai'dæ boru'su]
klok (de)	zəng	['zænh]

vlag (de)	bayraq	[baj'rah]
kabel (de)	kanat	[ka'nat]
knoop (de)	dənizçi düyünü	[dæniz'tʃi dyju'ny]
trapleuning (de)	məhəccər	[mæhæ'dʒʲær]
trap (de)	pilləkən	[pillæ'kæn]
anker (het)	lövbər	[løv'bær]
het anker lichten	lövbəri qaldırmaq	[løvbæ'ri galdır'mah]
het anker neerlaten	lövbər salmaq	[løv'bær sal'mah]
ankerketting (de)	lövbər zənciri	[løv'bær zændʒʲi'ri]
haven (bijv. containerhaven)	liman	[li'man]
kaai (de)	körpü	[kør'py]
aanleggen (ww)	sahilə yaxınlaşmaq	[sahi'læ jaχınlaʃ'mah]
wegvaren (ww)	sahildən ayrılmaq	[sahil'dæn ajrıl'mah]
reis (de)	səyahət	[sæja'hæt]
cruise (de)	kruiz	[kru'iz]
koers (de)	istiqamət	[istiga'mæt]
route (de)	marşrut	[marʃ'rut]
vaarwater (het)	farvater	[far'vatɛr]
zandbank (de)	say	['saj]
stranden (ww)	saya oturmaq	[sa'ja otur'mah]
storm (de)	fırtına	[fırtı'na]
signaal (het)	siqnal	[sig'nal]
zinken (ov. een boot)	batmaq	[bat'mah]
SOS (noodsignaal)	SOS	['sos]
reddingsboei (de)	xilas edici dairə	[χilas ɛdi'dʒʲi dai'ræ]

108. Vliegveld

luchthaven (de)	hava limanı	[ha'va lima'nı]
vliegtuig (het)	təyyarə	[tæja'ræ]
luchtvaartmaatschappij (de)	hava yolu şirkəti	[ha'va jo'lʲu ʃirkæ'ti]
luchtverkeersleider (de)	dispetçer	[dis'pɛtʃɛr]
vertrek (het)	uçub getmə	[u'tʃup gɛt'mæ]
aankomst (de)	uçub gəlmə	[u'tʃup gæl'mæ]
aankomen (per vliegtuig)	uçub gəlmək	[u'tʃup gæl'mæk]
vertrektijd (de)	yola düşmə vaxtı	[jo'la dyʃ'mæ vaχ'tı]
aankomstuur (het)	gəlmə vaxtı	[gæl'mæ vaχ'tı]
vertraagd zijn (ww)	gecikmək	[gɛdʒʲik'mæk]
vluchtvertraging (de)	uçuşun gecikməsi	[utʃu'ʃun gɛdʒʲikmæ'si]
informatiebord (het)	məlumat lövhəsi	[mælʲu'mat løvhæ'si]
informatie (de)	məlumat	[mælʲu'mat]
aankondigen (ww)	elan etmək	[ɛ'lan ɛt'mæk]
vlucht (bijv. KLM ~)	reys	['rɛjs]
douane (de)	gömrük	[gøm'ryk]

douanier (de)	gömrük işçisi	[gøm'ryk iʃtʃi'si]
douaneaangifte (de)	bəyannamə	[bæjanna'mæ]
een douaneaangifte invullen	bəyannaməni doldurmaq	[bæjannamæ'ni doldur'mah]
paspoortcontrole (de)	pasport nəzarəti	['pasport næzaræ'ti]

bagage (de)	baqaj	[ba'gaʒ]
handbagage (de)	əl yükü	['æl ju'ky]
bagagekarretje (het)	araba	[ara'ba]

landing (de)	enmə	[ɛn'mæ]
landingsbaan (de)	enmə zolağı	[ɛn'mæ zola'ɣı]
landen (ww)	enmək	[ɛn'mæk]
vliegtuigtrap (de)	pilləkən	[pillæ'kæn]

inchecken (het)	qeydiyyat	[gɛjdi'at]
incheckbalie (de)	qeydiyyat yeri	[gɛjdi'at ɛ'ri]
inchecken (ww)	qeydiyyatdan keçmək	[gɛjdiat'dan kɛtʃ'mæk]
instapkaart (de)	minik talonu	[mi'nik talo'nu]
gate (de)	çıxış	[tʃı'χıʃ]

transit (de)	tranzit	[tran'zit]
wachten (ww)	gözləmək	[gøzlæ'mæk]
wachtzaal (de)	gözləmə zalı	[gøzlæ'mæ za'lı]
begeleiden (uitwuiven)	yola salmaq	[jo'la sal'mah]
afscheid nemen (ww)	vidalaşmaq	[vidalaʃ'mah]

Gebeurtenissen in het leven

109. Vakanties. Evenement

feest (het)	bayram	[baj'ram]
nationale feestdag (de)	milli bayram	[mil'li baj'ram]
feestdag (de)	bayram günü	[bəj'ram gy'ny]
herdenken (ww)	bayram etmək	[baj'ram ɛt'mæk]
gebeurtenis (de)	hadisə	[hadi'sæ]
evenement (het)	tədbir	[tæd'bir]
banket (het)	banket	[ban'kɛt]
receptie (de)	ziyafət	[zija'fæt]
feestmaal (het)	böyük qonaqlıq	[bø'juk qonag'lıh]
verjaardag (de)	ildönümü	[ildøny'my]
jubileum (het)	yubiley	[ybi'lɛj]
vieren (ww)	qeyd etmək	['gɛjd æt'mæk]
Nieuwjaar (het)	Yeni il	[ɛ'ni 'il]
Gelukkig Nieuwjaar!	Yeni iliniz mübarək!	[ɛ'ni ili'niz myba'ræk]
Kerstfeest (het)	Milad	[mi'lad]
Vrolijk kerstfeest!	Milad bayramınız şən keçsin!	[mi'lad bajramı'nız 'ʃæn kɛtʃ'sin]
kerstboom (de)	Yeni il yolkası	[ɛ'ni 'il jolka'sı]
vuurwerk (het)	salam atəşi	[sa'lam atæ'ʃi]
bruiloft (de)	toy	['toj]
bruidegom (de)	bəy	['bæj]
bruid (de)	nişanlı	[niʃan'lı]
uitnodigen (ww)	dəvət etmək	[dæ'væt ɛt'mæk]
uitnodiging (de)	dəvətnamə	[dævætna'mæ]
gast (de)	qonaq	[go'nah]
op bezoek gaan	qonaq getmək	[go'nah gɛt'mæk]
gasten verwelkomen	qonaq qarşılamaq	[go'nah garʃıla'mah]
geschenk, cadeau (het)	hədiyyə	[hædi'æ]
geven (iets cadeau ~)	hədiyyə vermək	[hædi'æ vɛr'mæk]
geschenken ontvangen	hədiyyə almaq	[hædi'æ al'mah]
boeket (het)	gül dəstəsi	['gylʲ dæstæ'si]
felicitaties (mv.)	təbrik	[tæb'rik]
feliciteren (ww)	təbrik etmək	[tæb'rik ɛt'mæk]
wenskaart (de)	təbrik açıqçası	[tæb'rik atʃıgtʃa'sı]
een kaartje versturen	açıqça göndərmək	[atʃıg'tʃa gøndær'mæk]
een kaartje ontvangen	açıqça almaq	[atʃıg'tʃa al'mah]

toast (de)	tost	['tost]
aanbieden (een drankje ~)	qonaq etmək	[go'nah ɛt'mæk]
champagne (de)	şampan şərabı	[ʃam'pan ʃæra'bı]

plezier hebben (ww)	şənlənmək	[ʃænlæn'mæk]
plezier (het)	şənlik	[ʃæn'lik]
vreugde (de)	sevinc	[sɛ'vindʒʲ]

| dans (de) | rəqs | ['rægs] |
| dansen (ww) | rəqs etmək | ['rægs ɛt'mæk] |

| wals (de) | vals | ['vals] |
| tango (de) | tanqo | ['tango] |

110. Begrafenissen. Begrafenis

kerkhof (het)	qəbristanlıq	[gæbristan'lıh]
graf (het)	qəbir	[gæ'bir]
grafsteen (de)	qəbir daşı	[gæ'bir da'ʃı]
omheining (de)	hasar	[ha'sar]
kapel (de)	kiçik kilsə	[ki'tʃik kil'sæ]

dood (de)	ölüm	[ø'lym]
sterven (ww)	ölmək	[øl'mæk]
overledene (de)	ölü	[ø'ly]
rouw (de)	matəm	[ma'tæm]

begraven (ww)	dəfn etmək	['dæfn ɛt'mæk]
begrafenisonderneming (de)	dəfn etmə bürosu	['dæfn ɛt'mæ byro'su]
begrafenis (de)	dəfn etmə mərasimi	['dæfn ɛt'mæ mærasi'mi]

krans (de)	əklil	[æk'lil]
doodskist (de)	tabut	[ta'but]
lijkwagen (de)	cənazə arabası	[dʒʲæna'zæ araba'sı]
lijkkleed (de)	kəfən	[kæ'fæn]

| urn (de) | urna | ['urna] |
| crematorium (het) | meyit yandırılan bina | [mɛ'it jandırı'lan bi'na] |

overlijdensbericht (het)	nekroloq	[nɛkro'loh]
huilen (wenen)	ağlamaq	[ayla'mah]
snikken (huilen)	hönkür-hönkür ağlamaq	[hø'nkyr hø'nkyr ayla'mah]

111. Oorlog. Soldaten

peloton (het)	vzvod	['vzvod]
compagnie (de)	rota	['rota]
regiment (het)	alay	[a'laj]
leger (armee)	ordu	[or'du]
divisie (de)	diviziya	[di'vizija]
sectie (de)	dəstə	[dæs'tæ]
troep (de)	qoşun	[go'ʃun]

soldaat (militair)	əsgər	[æs'gær]
officier (de)	zabit	[za'bit]

soldaat (rang)	sıravi	[sıra'vi]
sergeant (de)	çavuş	[tʃa'vuʃ]
luitenant (de)	leytenant	[lɛjtɛ'nant]
kapitein (de)	kapitan	[kapi'tan]
majoor (de)	mayor	[ma'jor]
kolonel (de)	polkovnik	[pol'kovnik]
generaal (de)	general	[gɛnɛ'ral]

matroos (de)	dənizçi	[dæniz'tʃi]
kapitein (de)	kapitan	[kapi'tan]
bootsman (de)	bosman	['bosman]

artillerist (de)	topçu	[top'tʃu]
valschermjager (de)	desantçı	[dɛsan'tʃı]
piloot (de)	təyyarəçi	[tæjaræ'tʃi]
stuurman (de)	şturman	['ʃturman]
mecanicien (de)	mexanik	[mɛ'xanik]

sappeur (de)	istehkamçı	[istɛhkam'tʃı]
parachutist (de)	paraşütçü	[paraʃy'tʃy]
verkenner (de)	kəşfiyyatçı	[kæʃfia'tʃı]
scherpschutter (de)	snayper	['snajpɛr]

patrouille (de)	patrul	[pat'rul]
patrouilleren (ww)	patrul çəkmək	[pat'rul tʃæk'mæk]
wacht (de)	keşikçi	[kɛʃik'tʃi]

krijger (de)	döyüşçü	[døyʃ'tʃu]
patriot (de)	vətənpərvər	[vætænpær'vær]
held (de)	qəhrəman	[gæhræ'man]
heldin (de)	qəhrəman qadın	[gæhræ'man ga'dın]

verrader (de)	satqın	[sat'gın]
deserteur (de)	fərari	[færa'ri]
deserteren (ww)	fərarilik etmək	[færari'lik ɛt'mæk]

huurling (de)	muzdla tutulan əsgər	['muzdla tutu'lan æs'gær]
rekruut (de)	yeni əsgər	[ɛ'ni æs'gær]
vrijwilliger (de)	könüllü	[kønyl'ly]

gedode (de)	öldürülən	[øldyry'læn]
gewonde (de)	yaralı	[jara'lı]
krijgsgevangene (de)	əsir	[æ'sir]

112. Oorlog. Militaire acties. Deel 1

oorlog (de)	müharibə	[myhari'bæ]
oorlog voeren (ww)	müharibə etmək	[myhari'bæ ɛt'mæk]
burgeroorlog (de)	vətəndaş müharibəsi	[vætæn'daʃ myharibæ'si]
achterbaks (bw)	xaincəsinə	[xa'indʒæsinæ]
oorlogsverklaring (de)	elan edilmə	[ɛ'lan ɛdil'mæ]

verklaren (de oorlog ~)	elan etmək	[ɛ'lan ɛt'mæk]
agressie (de)	təcavüz	[tædʒ'a'vyz]
aanvallen (binnenvallen)	hücum etmək	[hy'dʒʲum ɛt'mæk]
binnenvallen (ww)	işğal etmək	[iʃɣal ɛt'mæk]
invaller (de)	işğalçı	[iʃɣal'tʃɪ]
veroveraar (de)	istilaçı	[istila'tʃɪ]
verdediging (de)	müdafiyə	[mydafi'jæ]
verdedigen (je land ~)	müdafiyə etmək	[mydafi'jæ ɛt'mæk]
zich verdedigen (ww)	müdafiyə olunmaq	[mydafi'jæ olʲun'mah]
vijand (de)	düşmən	[dyʃmæn]
tegenstander (de)	əleyhdar	[ælɛjh'dar]
vijandelijk (bn)	düşmən	[dyʃmæn]
strategie (de)	strategiya	[stra'tɛgija]
tactiek (de)	taktika	['taktika]
order (de)	əmr	['æmr]
bevel (het)	əmr	['æmr]
bevelen (ww)	əmr etmək	['æmr ɛt'mæk]
opdracht (de)	tapşırıq	[tapʃɪ'rɪh]
geheim (bn)	məxfi	[mæx'fi]
veldslag (de)	vuruşma	[vuruʃma]
strijd (de)	döyüş	[dø'juʃ]
aanval (de)	hücum	[hy'dʒʲum]
bestorming (de)	hücum	[hy'dʒʲum]
bestormen (ww)	hücum etmək	[hy'dʒʲum ɛt'mæk]
bezetting (de)	mühasirə	[myhasi'ræ]
aanval (de)	hücum	[hy'dʒʲum]
in het offensief te gaan	hücum etmək	[hy'dʒʲum ɛt'mæk]
terugtrekking (de)	geri çəkilmə	[gɛ'ri tʃækil'mæ]
zich terugtrekken (ww)	geri çəkilmək	[gɛ'ri tʃækil'mæk]
omsingeling (de)	mühasirə	[myhasi'ræ]
omsingelen (ww)	mühasirəyə almaq	[myhasiræ'jæ al'mah]
bombardement (het)	bombalama	[bombala'ma]
een bom gooien	bomba atmaq	[bom'ba at'mah]
bombarderen (ww)	bombalamaq	[bombala'mah]
ontploffing (de)	partlayış	[partla'jɪʃ]
schot (het)	atəş	[a'tæʃ]
een schot lossen	güllə atmaq	[gyl'læ at'mah]
schieten (het)	atəş	[a'tæʃ]
mikken op (ww)	nişan almaq	[ni'ʃan al'mah]
aanleggen (een wapen ~)	tuşlamaq	[tuʃla'mah]
treffen (doelwit ~)	sərrast vurmaq	[sær'rast vur'mah]
zinken (tot zinken brengen)	batırmaq	[batɪr'mah]
kogelgat (het)	deşik	[dɛ'ʃik]

zinken (gezonken zijn)	batmaq	[bat'mah]
front (het)	cəbhə	[dʒʲæb'hæ]
evacuatie (de)	təxliyə	[tæχli'jæ]
evacueren (ww)	təxliyə etmək	[tæχli'jæ ɛt'mæk]

loopgraaf (de)	səngər	[sæ'ngær]
prikkeldraad (de)	tikanlı məftil	[tikʲan'lı mæfʲ'til]
verdedigingsobstakel (het)	çəpərləmə	[tʃæpærlæ'mæ]
wachttoren (de)	qüllə	[gyl'læ]

hospitaal (het)	hospital	['hospital]
verwonden (ww)	yaralamaq	[jarala'mah]
wond (de)	yara	[ja'ra]
gewonde (de)	yaralı	[jara'lı]
gewond raken (ww)	yara almaq	[ja'ra al'mah]
ernstig (~e wond)	ağır	[a'ɣır]

113. Oorlog. Militaire acties. Deel 2

krijgsgevangenschap (de)	əsirlik	[æsir'lik]
krijgsgevangen nemen	əsir almaq	[æ'sir al'mah]
krijgsgevangene zijn	əsirlikdə olmaq	[æsirlik'dæ ol'mah]
krijgsgevangen genomen worden	əsir düşmək	[æ'sir dyʃ'mæk]

concentratiekamp (het)	həbs düşərgəsi	['hæbs dyʃærgæ'si]
krijgsgevangene (de)	əsir	[æ'sir]
vluchten (ww)	qaçmaq	[gatʃ'mah]

verraden (ww)	satmaq	[sat'mah]
verrader (de)	satqın	[sat'gın]
verraad (het)	satqınlıq	[satgın'lıh]

fusilleren (executeren)	güllələmək	[gyllælæ'mæk]
executie (de)	güllə cəzası	[gyl'læ dʒʲæza'sı]

uitrusting (de)	rəsmi geyim	[ræs'mi gɛ'jım]
schouderstuk (het)	poqon	[po'gon]
gasmasker (het)	əleyhqaz	[ælɛjh'gaz]

portofoon (de)	ratsiya	['ratsija]
geheime code (de)	şifr	['ʃifr]
samenzwering (de)	konspirasiya	[konspi'rasija]
wachtwoord (het)	parol	[pa'rol]

mijn (landmijn)	mina	['mina]
ondermijnen (legden mijnen)	minalamaq	['minalamah]
mijnenveld (het)	minalanmış sahə	['minalanmıʃ sa'hæ]

luchtalarm (het)	hava həyacanı	[ha'va hæjadʒʲa'nı]
alarm (het)	həyacan	[hæja'dʒʲan]
signaal (het)	signal	[sig'nal]
vuurpijl (de)	signal raketi	[sig'nal rakɛ'ti]
staf (generale ~)	qərargah	[gærar'gah]

verkenningstocht (de)	kəsfiyyat	[kæʃfi'at]
toestand (de)	şərait	[ʃæra'it]
rapport (het)	raport	['raport]
hinderlaag (de)	pusqu	[pus'gu]
versterking (de)	yardım	[jar'dım]
doel (bewegend ~)	hədəf	[hæ'dæf]
proefterrein (het)	poliqon	[poli'gon]
manoeuvres (mv.)	manevrlər	[ma'nɛvrlær]
paniek (de)	panika	['panika]
verwoesting (de)	xarabalıq	[χaraba'lıh]
verwoestingen (mv.)	dağıntı	[daɣın'tı]
verwoesten (ww)	dağıtmaq	[daɣıt'mah]
overleven (ww)	sağ qalmaq	['saɣ gal'mah]
ontwapenen (ww)	tərksilah etmək	[tærksi'lah ɛt'mæk]
behandelen (een pistool ~)	işlətmək	[iʃlæt'mæk]
Geeft acht!	Farağat!	[fara'ɣat]
Op de plaats rust!	Azad!	[a'zad]
heldendaad (de)	hünər	[hy'nær]
eed (de)	and	['and]
zweren (een eed doen)	and içmək	['and itʃ'mæk]
decoratie (de)	mükafat	[myka'fat]
onderscheiden (een ereteken geven)	təltif etmək	[tæl'tif ɛt'mæk]
medaille (de)	medal	[mɛ'dal]
orde (de)	orden	['ordɛn]
overwinning (de)	qələbə	[gælæ'bæ]
verlies (het)	məğlubiyyət	[mæɣlʲubi'æt]
wapenstilstand (de)	atəşkəs	[atæʃ'kæs]
wimpel (vaandel)	bayraq	[baj'rah]
roem (de)	şərəf	[ʃæ'ræf]
parade (de)	parad	[pa'rad]
marcheren (ww)	addımlamaq	[addımla'mah]

114. Wapens

wapens (mv.)	silah	[si'lah]
vuurwapens (mv.)	odlu silah	[od'lʲu si'lah]
koude wapens (mv.)	soyuq silah	[so'juh si'lah]
chemische wapens (mv.)	kimyəvi silah	[kimjæ'vi si'lah]
kern-, nucleair (bn)	nüvə	[ny'væ]
kernwapens (mv.)	nüvə silahı	[ny'væ sila'hı]
bom (de)	bomba	[bom'ba]
atoombom (de)	atom bombası	['atom bomba'sı]
pistool (het)	tapança	[tapan'tʃa]

geweer (het)	tüfəng	[ty'fænh]
machinepistool (het)	avtomat	[avto'mat]
machinegeweer (het)	pulemyot	[pulɛ'mʲot]
loop (schietbuis)	ağız	[a'ɣız]
loop (bijv. geweer met kortere ~)	lülə	[ly'læ]
kaliber (het)	kalibr	[ka'libr]
trekker (de)	çaxmaq	[tʃax'mah]
korrel (de)	nişangah	[niʃan'gʲah]
magazijn (het)	sandıq	[san'dıh]
geweerkolf (de)	qundaq	[gun'dah]
granaat (handgranaat)	qumbara	[gumba'ra]
explosieven (mv.)	partlayıcı maddə	[partlajı'dʒʲı mad'dæ]
kogel (de)	güllə	[gyl'læ]
patroon (de)	patron	[pat'ron]
lading (de)	güllə	[gyl'læ]
ammunitie (de)	döyüş sursatı	[dø'juʃ sursa'tı]
bommenwerper (de)	bombardmançı təyyarə	[bombardman'tʃı tæja'ræ]
straaljager (de)	qırıcı təyyarə	[gırı'dʒʲı tæja'ræ]
helikopter (de)	vertolyot	[vɛrto'lʲot]
afweergeschut (het)	zenit topu	[zɛ'nit to'pu]
tank (de)	tank	['tank]
kanon (tank met een ~ van 76 mm)	top	['top]
artillerie (de)	top	['top]
aanleggen (een wapen ~)	tuşlamaq	[tuʃla'mah]
projectiel (het)	mərmi	[mær'mi]
mortiergranaat (de)	mina	['mina]
mortier (de)	minaatan	['minaatan]
granaatscherf (de)	qəlpə	[gæl'pæ]
duikboot (de)	sualtı qayıq	[sual'tı ga'jıh]
torpedo (de)	torpeda	[tor'pɛda]
raket (de)	raket	[ra'kɛt]
laden (geweer, kanon)	doldurmaq	[doldur'mah]
schieten (ww)	atəş açmaq	[a'tæʃ atʃ'mah]
richten op (mikken)	nişan almaq	[ni'ʃan al'mah]
bajonet (de)	süngü	[sy'ngy]
degen (de)	qılınc	[gı'lındʒʲ]
sabel (de)	qılınc	[gı'lındʒʲ]
speer (de)	nizə	[ni'zæ]
boog (de)	yay	['jaj]
pijl (de)	ox	['ox]
musket (de)	muşket	[muʃ'kɛt]
kruisboog (de)	arbalet	[arba'lɛt]

115. Oude mensen

primitief (bn)	ibtidai	[iptida'i]
voorhistorisch (bn)	tarixdən əvvəlki	[tariχ'dæn ævvæl'ki]
eeuwenoude (~ beschaving)	qədim	[gæ'dim]

Steentijd (de)	Daş dövrü	['daʃ døv'ry]
Bronstijd (de)	Tunc dövrü	['tundʒʲ døv'ry]
IJstijd (de)	buz dövrü	['buz døv'ry]

stam (de)	tayfa	[taj'fa]
menseneter (de)	adamyeyən	[adamjɛ'jæn]
jager (de)	ovçu	[ov'ʧu]
jagen (ww)	ova çıxmaq	[o'va ʧıχ'mah]
mammoet (de)	mamont	['mamont]

grot (de)	mağara	[maɣa'ra]
vuur (het)	od	['od]
kampvuur (het)	tonqal	[ton'gal]
rotstekening (de)	qayaüstü rəsmlər	[gajays'ty ræsm'lær]

werkinstrument (het)	iş aləti	['iʃ alæ'ti]
speer (de)	nizə	[ni'zæ]
stenen bijl (de)	daş baltası	['daʃ balta'sı]
oorlog voeren (ww)	müharibə etmək	[myhari'bæ ɛt'mæk]
temmen (bijv. wolf ~)	əhliləşdirmək	[æhlilæʃdir'mæk]

idool (het)	büt	['byt]
aanbidden (ww)	pərəstiş etmək	[pæræs'tiʃ ɛt'mæk]
bijgeloof (het)	xurafat	[χura'fat]

evolutie (de)	təkamül	[tæka'myl]
ontwikkeling (de)	inkişaf	[inki'ʃaf]
verdwijning (de)	yox olma	['joχ ol'ma]
zich aanpassen (ww)	uyğunlaşmaq	[ujɣunlaʃ'mah]

archeologie (de)	arxeoloqiya	[arχeo'logija]
archeoloog (de)	arxeoloq	[arχɛ'oloh]
archeologisch (bn)	arxeoloji	[arχɛolo'ʒi]

opgravingsplaats (de)	qazıntı	[gazın'tı]
opgravingen (mv.)	qazıntılar	[gazıntı'lar]
vondst (de)	tapıntı	[tapın'tı]
fragment (het)	parça	[par'ʧa]

116. Middeleeuwen

volk (het)	xalq	['χalh]
volkeren (mv.)	xalqlar	[χalg'lar]
stam (de)	tayfa	[taj'fa]
stammen (mv.)	tayfalar	[tajfa'lar]
barbaren (mv.)	barbarlar	[barbar'lar]
Galliërs (mv.)	qallar	[gal'lar]

Goten (mv.)	qotlar	[got'lar]
Slaven (mv.)	slavyanlar	[slavʲan'lar]
Vikings (mv.)	vikinqlər	['vikinglær]
Romeinen (mv.)	romalılar	['romalılar]
Romeins (bn)	Roma	['roma]
Byzantijnen (mv.)	bizanslılar	[bizanslı'lar]
Byzantium (het)	Bizans	[bi'zans]
Byzantijns (bn)	Bizans	[bi'zans]
keizer (bijv. Romeinse ~)	imperator	[impɛ'rator]
opperhoofd (het)	rəhbər	[ræh'bær]
machtig (bn)	qüdrətli	[gydræt'li]
koning (de)	kral	['kral]
heerser (de)	hökmdar	[høkm'dar]
ridder (de)	rıtsar	['rıtsar]
feodaal (de)	mülkədar	[mylʲkæ'dar]
feodaal (bn)	mülkədar	[mylʲkæ'dar]
vazal (de)	vassal	[vas'sal]
hertog (de)	hersoq	['hɛrsoh]
graaf (de)	qraf	['graf]
baron (de)	baron	[ba'ron]
bisschop (de)	yepiskop	[ɛ'piskop]
harnas (het)	yaraq-əsləhə	[ja'rah æslæ'hæ]
schild (het)	qalxan	[gal'χan]
zwaard (het)	qılınc	[gı'lındʒʲ]
vizier (het)	dəbilqə üzlüyü	[dæbil'gæ juzly'ju]
maliënkolder (de)	dəmir geyim	[dæ'mir gɛ'jım]
kruistocht (de)	xaç yürüşü	['χatʃ jury'ʃy]
kruisvaarder (de)	əhl-səlib	['æhl sæ'lip]
gebied (bijv. bezette ~en)	ərazi	[æra'zi]
aanvallen (binnenvallen)	hücum etmək	[hy'dʒʲum ɛt'mæk]
veroveren (ww)	istila etmək	[isti'la ɛt'mæk]
innemen (binnenvallen)	işğal etmək	[iʃ'γal ɛt'mæk]
bezetting (de)	mühasirə	[myhasi'ræ]
bezet (bn)	mühasirə olunmuş	[myhasi'ræ olʲun'muʃ]
belegeren (ww)	mühasirə etmək	[myhasi'ræ ɛt'mæk]
inquisitie (de)	inkvizisiya	[inkvi'zisija]
inquisiteur (de)	inkvizitor	[inkvi'zitor]
foltering (de)	işgəncə	[iʃgæn'dʒʲæ]
wreed (bn)	qəddar	[gæd'dar]
ketter (de)	kafir	[ka'fir]
ketterij (de)	küfr	['kyfr]
zeevaart (de)	gəmiçilik	[gæmitʃi'lik]
piraat (de)	dəniz qulduru	[dæ'niz guldu'ru]
piraterij (de)	dəniz quldurluğu	[dæ'niz guldurlʲu'γu]
enteren (het)	abordaj	[abor'daʒ]

| buit (de) | qənimət | [gæni'mæt] |
| schatten (mv.) | xəzinə | [χæzi'næ] |

ontdekking (de)	kəşf etmə	['kæʃf ɛt'mæ]
ontdekken (bijv. nieuw land)	kəşf etmək	['kæʃf ɛt'mæk]
expeditie (de)	ekspedisiya	[ɛkspɛ'disija]

musketier (de)	muşketyor	[muʃkɛ'tʲor]
kardinaal (de)	kardinal	[kardi'nal]
heraldiek (de)	heraldika	[hɛ'raldika]
heraldisch (bn)	heraldik	[hɛral'dik]

117. Leider. Baas. Autoriteiten

koning (de)	kral	['kral]
koningin (de)	kraliçə	[kra'litʃæ]
koninklijk (bn)	kral	['kral]
koninkrijk (het)	krallıq	[kral'lıh]

| prins (de) | şahzadə | [ʃahza'dæ] |
| prinses (de) | şahzadə xanım | [ʃahza'dæ χa'nım] |

president (de)	prezident	[prɛzi'dɛnt]
vicepresident (de)	vitse-prezident	['vitsɛ prɛzi'dɛnt]
senator (de)	senator	[sɛ'nator]

monarch (de)	padşah	[pad'ʃah]
heerser (de)	hökmdar	[høkm'dar]
dictator (de)	diktator	[dik'tator]
tiran (de)	zülmkar	[zylʲm'kar]
magnaat (de)	maqnat	[mag'nat]

directeur (de)	direktor	[di'rɛktor]
chef (de)	reis	[ræ'is]
beheerder (de)	idarə başçısı	[ida'ræ baʃtʃı'sı]
baas (de)	boss	['boss]
eigenaar (de)	sahib	[sa'hip]

hoofd (bijv. ~ van de delegatie)	başçı	[baʃ'tʃı]
autoriteiten (mv.)	hakimiyyət	[hakimi'æt]
superieuren (mv.)	rəhbərlik	[ræhbær'lik]

gouverneur (de)	qubernator	[gubɛr'nator]
consul (de)	konsul	['konsul]
diplomaat (de)	diplomat	[diplo'mat]
burgemeester (de)	şəhər icra hakimiyyətinin başçısı	[ʃæ'hær idʒʲ'ra hakimiæti'nin baʃtʃı'sı]
sheriff (de)	şerif	[ʃɛ'rif]

keizer (bijv. Romeinse ~)	imperator	[impɛ'rator]
tsaar (de)	çar	['tʃar]
farao (de)	firon	[fi'ron]
kan (de)	xan	['χan]

118. De wet overtreden. Criminelen. Deel 1

bandiet (de)	quldur	[gul'dur]
misdaad (de)	cinayət	[dʒʲina'jæt]
misdadiger (de)	cinayətkar	[dʒʲinajæt'kar]

dief (de)	oğru	[o'ɣru]
stelen (ww)	oğurlamaq	[oɣurla'mah]
stelen, diefstal (de)	oğurluq	[oɣur'lʲuh]

kidnappen (ww)	qaçırtmaq	[gatʃırt'mah]
kidnapping (de)	qaçırtma	[gatʃırt'ma]
kidnapper (de)	adam oğrusu	[a'dam oɣru'su]

losgeld (het)	fidiyə	[fidi'ja]
eisen losgeld (ww)	fidiyə tələb etmək	[fidi'ja tæ'læp ɛt'mæk]

overvallen (ww)	adam soymaq	[a'dam soj'mah]
overvaller (de)	soyğunçu	[sojɣun'tʃu]

afpersen (ww)	zorla pul qoparmaq	['zorla 'pul gopar'mah]
afperser (de)	zorla pul qoparan	['zorla 'pul gopa'ran]
afpersing (de)	zorla pul qoparma	['zorla 'pul gopar'ma]

vermoorden (ww)	öldürmək	[øldyr'mæk]
moord (de)	qətl	['gætl]
moordenaar (de)	qatil	[ga'til]

schot (het)	atəş	[a'tæʃ]
een schot lossen	güllə atmaq	[gyl'læ at'mah]
neerschieten (ww)	güllə ilə vurmaq	[gyl'læ i'læ vur'mah]
schieten (ww)	atəş açmaq	[a'tæʃ atʃ'mah]
schieten (het)	atəş	[a'tæʃ]

ongeluk (gevecht, enz.)	hadisə	[hadi'sæ]
gevecht (het)	dava-dalaş	[da'va da'laʃ]
slachtoffer (het)	qurban	[gur'ban]

beschadigen (ww)	xarab etmək	[χa'rap ɛt'mæk]
schade (de)	ziyan	[zi'jan]
lijk (het)	meyit	[mɛ'it]
zwaar (~ misdrijf)	ağır	[a'ɣır]

aanvallen (ww)	hücum etmək	[hy'dʒʲum ɛt'mæk]
slaan (iemand ~)	vurmaq	[vur'mah]
in elkaar slaan (toetakelen)	döymək	[døj'mæk]
ontnemen (beroven)	əlindən almaq	[ælin'dæn al'mah]
steken (met een mes)	bıçaqlamaq	[bɪtʃagla'mah]
verminken (ww)	şikəst etmək	[ʃi'kæst ɛt'mæk]
verwonden (ww)	yaralamaq	[jarala'mah]

chantage (de)	şantaj	[ʃan'taʒ]
chanteren (ww)	şantaj etmək	[ʃan'taʒ ɛt'mæk]
chanteur (de)	şantajçı	[ʃantaʒ'tʃı]
afpersing (de)	reket	['rɛkɛt]

afperser (de)	reketçi	['rɛkɛtʃi]
gangster (de)	qanqster	['gangstɛr]
maffia (de)	mafiya	['mafija]

kruimeldief (de)	cibgir	[dʒib'gir]
inbreker (de)	ev yaran	['ɛv ja'ran]
smokkelen (het)	qaçaqçılıq	[gatʃagtʃi'lıh]
smokkelaar (de)	qaçaqçı	[gatʃag'tʃi]

namaak (de)	saxtalaşdırma	[saxtalaʃdır'ma]
namaken (ww)	saxtalaşdırmaq	[saxtalaʃdır'mah]
namaak-, vals (bn)	saxta	[sax'ta]

119. De wet overtreden. Criminelen. Deel 2

verkrachting (de)	zorlama	[zorla'ma]
verkrachten (ww)	zorlamaq	[zorla'mah]
verkrachter (de)	qadın zorlayan	[ga'dın zorla'jan]
maniak (de)	manyak	[ma'njak]

prostituee (de)	fahişə	[fahi'ʃæ]
prostitutie (de)	fahişəlik	[fahiʃæ'lik]
pooier (de)	qadın alverçisi	[ga'dın alvɛrtʃi'si]

| drugsverslaafde (de) | narkoman | [narko'man] |
| drugshandelaar (de) | narkotik alverçisi | [narko'tik alvɛrtʃi'si] |

opblazen (ww)	partlatmaq	[partlat'mah]
explosie (de)	partlayış	[partla'jıʃ]
in brand steken (ww)	yandırmaq	[jandır'mah]
brandstichter (de)	qəsdən yandıran	['gæsdæn jandı'ran]

terrorisme (het)	terrorizm	[tɛrro'rizm]
terrorist (de)	terrorçu	[tɛrror'tʃu]
gijzelaar (de)	girov götürulən adam	[gi'rov gøtyry'læn a'dam]

bedriegen (ww)	yalan satmaq	[ja'lan sat'mah]
bedrog (het)	yalan	[ja'lan]
oplichter (de)	fırıldaqçı	[fırıldag'tʃi]

omkopen (ww)	pulla ələ almaq	['pulla æ'læ al'mah]
omkoperij (de)	pulla ələ alma	['pulla æ'læ al'ma]
smeergeld (het)	rüşvət	[ryʃ'væt]

vergif (het)	zəhər	[zæ'hær]
vergiftigen (ww)	zəhərləmək	[zæhærlæ'mæk]
vergif innemen (ww)	özünü zəhərləmək	[øzy'ny zæhærlæ'mæk]

| zelfmoord (de) | intihar | [inti'har] |
| zelfmoordenaar (de) | intihar edən adam | [inti'har ɛ'dæn a'dam] |

| bedreigen (bijv. met een pistool) | hədələmək | [hædælæ'mæk] |
| bedreiging (de) | hədə | [hæ'dæ] |

een aanslag plegen	birinin canına qəsd etmək	[biri'nin dʒʲanı'na 'gæsd ɛt'mæk]
aanslag (de)	qəsd etmə	['gæsd ɛt'mæ]
stelen (een auto)	qaçırmaq	[gatʃır'mah]
kapen (een vliegtuig)	qaçırmaq	[gatʃır'mah]
wraak (de)	intiqam	[inti'gam]
wreken (ww)	intiqam almaq	[inti'gam al'mah]
martelen (gevangenen)	işgəncə vermək	[iʃgæn'dʒʲæ vɛr'mæk]
foltering (de)	işgəncə	[iʃgæn'dʒʲæ]
folteren (ww)	əzab vermək	[æ'zab vɛr'mæk]
piraat (de)	dəniz qulduru	[dæ'niz guldu'ru]
straatschender (de)	xuliqan	[χuli'gan]
gewapend (bn)	silahlı	[silah'lı]
geweld (het)	zorakılıq	[zorakı'lıh]
spionage (de)	casusluq	[dʒʲasus'lʲuh]
spioneren (ww)	casusluq etmək	[dʒʲasus'lʲuh ɛt'mæk]

120. Politie. Wet. Deel 1

gerecht (het)	ədalət	[æda'læt]
gerechtshof (het)	məhkəmə	[mæhkæ'mæ]
rechter (de)	hakim	[ha'kim]
jury (de)	prisyajnı iclasçıları	[pri'sʲaʒnı idʒʲlastʃıla'rı]
juryrechtspraak (de)	prisyajnılar məhkəməsi	[pri'sʲaʒnılar mæhkæmæ'si]
berechten (ww)	mühakimə etmək	[myhaki'mæ ɛt'mæk]
advocaat (de)	vəkil	[væ'kil]
beklaagde (de)	müqəssir	[mygæs'sir]
beklaagdenbank (de)	müqəssirlər kürsüsü	[mygæssir'lær kyrsy'sy]
beschuldiging (de)	ittiham	[itti'ham]
beschuldigde (de)	müttəhim	[myttæ'him]
vonnis (het)	hökm	['høkm]
veroordelen (in een rechtszaak)	məhkum etmək	[mæh'kum ɛt'mæk]
schuldige (de)	təqsirkar	[tægsir'kar]
straffen (ww)	cəzalandırmaq	[dʒʲæzalandır'mah]
bestraffing (de)	cəza	[dʒʲæ'za]
boete (de)	cərimə	[dʒʲæri'mæ]
levenslange opsluiting (de)	ömürlük həbs cəzası	[ømyr'lyk 'hæbs dʒʲæza'sı]
doodstraf (de)	ölüm cəzası	[ø'lym dʒʲæza'sı]
elektrische stoel (de)	elektrik stul	[ɛlɛkt'rik 'stul]
schavot (het)	dar ağacı	['dar aɣa'dʒʲı]
executeren (ww)	edam etmək	[ɛ'dam ɛt'mæk]
executie (de)	edam	[ɛ'dam]

gevangenis (de)	həbsxana	[hæbsχa'na]
cel (de)	kamera	['kamɛra]
konvooi (het)	mühafizə dəstəsi	[myhafi'zæ dæstæ'si]
gevangenisbewaker (de)	gözətçi	[gøzæ'ʧi]
gedetineerde (de)	dustaq	[dus'tah]
handboeien (mv.)	əl qandalları	['æl gandalla'rı]
handboeien omdoen	əl qandalları vurmaq	['æl gandalla'rı vur'mah]
ontsnapping (de)	qaçış	[ga'ʧıʃ]
ontsnappen (ww)	qaçmaq	[gaʧ'mah]
verdwijnen (ww)	yox olmaq	['joχ ol'mah]
vrijlaten (uit de gevangenis)	azad etmək	[a'zad ɛt'mæk]
amnestie (de)	əhf	['æhf]
politie (de)	polis	[po'lis]
politieagent (de)	polis	[po'lis]
politiebureau (het)	polis idarəsi	[po'lis idaræ'si]
knuppel (de)	rezin dəyənək	[rɛ'zin dæjæ'næk]
megafoon (de)	rupor	['rupor]
patrouilleerwagen (de)	patrul maşını	[pat'rul maʃı'nı]
sirene (de)	sirena	[si'rɛna]
de sirene aansteken	sirenanı qoşmaq	[si'rɛnanı goʃ'mah]
geloei (het) van de sirene	sirena səsi	[si'rɛna sæ'si]
plaats delict (de)	hadisə yeri	[hadi'sæ ɛ'ri]
getuige (de)	şahid	[ʃa'hid]
vrijheid (de)	azadlıq	[azad'lıh]
handlanger (de)	cinayət ortağı	[dʒina'jæt orta'ɣı]
ontvluchten (ww)	gözdən itmək	[gøz'dæn it'mæk]
spoor (het)	iz	['iz]

121. Politie. Wet. Deel 2

opsporing (de)	axtarış	[aχta'rıʃ]
opsporen (ww)	axtarmaq	[aχtar'mah]
verdenking (de)	şübhə	[ʃyb'hæ]
verdacht (bn)	şübhəli	[ʃybhæ'li]
aanhouden (stoppen)	dayandırmaq	[dajandır'mah]
tegenhouden (ww)	saxlamaq	[saχla'mah]
strafzaak (de)	iş	['iʃ]
onderzoek (het)	istintaq	[istin'tah]
detective (de)	detektiv	[dɛtɛk'tiv]
onderzoeksrechter (de)	müstəntiq	[mystæn'tih]
versie (de)	versiya	['vɛrsija]
motief (het)	əsas	[æ'sas]
verhoor (het)	dindirilmə	[dindiril'mæ]
ondervragen (door de politie)	dindirmək	[dindir'mæk]
ondervragen (omstanders ~)	sorğulamaq	[sorɣula'mah]
controle (de)	yoxlama	[joχla'ma]

razzia (de)	basqın	[bas'gın]
huiszoeking (de)	axtarış	[axta'rıʃ]
achtervolging (de)	təqib etmə	[tæ'gip ɛt'mæ]
achtervolgen (ww)	təqib etmək	[tæ'gip ɛt'mæk]
opsporen (ww)	izləmək	[izlæ'mæk]
arrest (het)	həbs	['hæbs]
arresteren (ww)	həbs etmək	['hæbs ɛt'mæk]
vangen, aanhouden (een dief, enz.)	tutmaq	[tut'mah]
aanhouding (de)	tutma	[tut'ma]
document (het)	sənəd	[sæ'næd]
bewijs (het)	sübut	[sy'but]
bewijzen (ww)	sübut etmək	[sy'but ɛt'mæk]
voetspoor (het)	iz	['iz]
vingerafdrukken (mv.)	barmaq izləri	[bar'mah izlæ'ri]
bewijs (het)	dəlil	[dæ'lil]
alibi (het)	alibi	['alibi]
onschuldig (bn)	günahsız	[gynah'sız]
onrecht (het)	ədalətsizlik	[ædalætsiz'lik]
onrechtvaardig (bn)	ədalətsiz	[ædalæ'tsiz]
crimineel (bn)	kriminal	[krimi'nal]
confisqueren (in beslag nemen)	müsadirə etmək	[mysadi'ræ ɛt'mæk]
drug (de)	narkotik maddə	[narko'tik mad'dæ]
wapen (het)	silah	[si'lah]
ontwapenen (ww)	tərksilah etmək	[tærksi'lah ɛt'mæk]
bevelen (ww)	əmr etmək	['æmr ɛt'mæk]
verdwijnen (ww)	yox olmaq	['joχ ol'mah]
wet (de)	qanun	[ga'nun]
wettelijk (bn)	qanuni	[ganu'ni]
onwettelijk (bn)	qanunsuz	[ganun'suz]
verantwoordelijkheid (de)	məsuliyyət	[mæsuli'æt]
verantwoordelijk (bn)	məsul	[mæ'sul]

NATUUR

De Aarde. Deel 1

122. De kosmische ruimte

kosmos (de)	kosmos	['kosmos]
kosmisch (bn)	kosmik	[kos'mik]
kosmische ruimte (de)	kosmik fəza	[kos'mik fæ'za]
wereld (de)	dünya	[dy'nja]
heelal (het)	kainat	[kai'nat]
sterrenstelsel (het)	qalaktika	[ga'laktika]
ster (de)	ulduz	[ul'duz]
sterrenbeeld (het)	bürc	['byrdʒ']
planeet (de)	planet	[pla'nɛt]
satelliet (de)	peyk	['pɛjk]
meteoriet (de)	meteorit	[mɛtɛo'rit]
komeet (de)	kometa	[ko'mɛta]
asteroïde (de)	asteroid	[astɛ'roid]
baan (de)	orbita	[or'bita]
draaien (om de zon, enz.)	fırlanmaq	[fırlan'mah]
atmosfeer (de)	atmosfer	[atmos'fɛr]
Zon (de)	Günəş	[gy'næʃ]
zonnestelsel (het)	Günəş sistemi	[gy'næʃ sistɛ'mi]
zonsverduistering (de)	günəşin tutulması	[gynæ'ʃin tutulma'sı]
Aarde (de)	Yer	['ɛr]
Maan (de)	Ay	['aj]
Mars (de)	Mars	['mars]
Venus (de)	Venera	[vɛ'nɛra]
Jupiter (de)	Yupiter	[ju'pitɛr]
Saturnus (de)	Saturn	[sa'turn]
Mercurius (de)	Merkuri	[mɛr'kurij]
Uranus (de)	Uran	[u'ran]
Neptunus (de)	Neptun	[nɛp'tun]
Pluto (de)	Pluton	[plʲu'ton]
Melkweg (de)	Ağ Yol	['aɣ 'jol]
Grote Beer (de)	Böyük ayı bürcü	[bø'juk a'jı byr'dʒy]
Poolster (de)	Qütb ulduzu	['gytp uldu'zu]
marsmannetje (het)	marslı	[mars'lı]
buitenaards wezen (het)	başqa planetdən gələn	[baʃ'ga planɛt'dæn gæ'læn]

bovenaards (het)	gəlmə	[gæl'mæ]
vliegende schotel (de)	uçan boşqab	[u'tʃan boʃ'gap]
ruimtevaartuig (het)	kosmik gəmi	[kos'mik gæ'mi]
ruimtestation (het)	orbital stansiya	[orbi'tal 'stansija]
start (de)	start	['start]
motor (de)	mühərrik	[myhær'rik]
straalpijp (de)	ucluq	[udʒʲ'lʲuh]
brandstof (de)	yanacaq	[jana'dʒʲah]
cabine (de)	kabina	[ka'bina]
antenne (de)	antenna	[an'tɛnna]
patrijspoort (de)	illüminator	[illymi'nator]
zonnebatterij (de)	günəş batareyası	[gy'næʃ bata'rɛjası]
ruimtepak (het)	skafandr	[ska'fandr]
gewichtloosheid (de)	çəkisizlik	[tʃækisiz'lik]
zuurstof (de)	oksigen	[oksi'gɛn]
koppeling (de)	uc-uca calama	['udʒʲ u'dʒʲa dʒʲala'ma]
koppeling maken	uc-uca calamaq	['udʒʲ u'dʒʲa dʒʲala'mah]
observatorium (het)	observatoriya	[obsɛrva'torija]
telescoop (de)	teleskop	[tɛlɛs'kop]
waarnemen (ww)	müşaidə etmək	[myʃai'dæ ɛt'mæk]
exploreren (ww)	araşdırmaq	[araʃdır'mah]

123. De Aarde

Aarde (de)	Yer	['ɛr]
aardbol (de)	yer kürəsi	['ɛr kyræ'si]
planeet (de)	planet	[pla'nɛt]
atmosfeer (de)	atmosfer	[atmos'fɛr]
aardrijkskunde (de)	coğrafiya	[dʒʲo'ɣrafija]
natuur (de)	təbiət	[tæbi'æt]
wereldbol (de)	qlobus	['globus]
kaart (de)	xəritə	[χæri'tæ]
atlas (de)	atlas	['atlas]
Europa (het)	Avropa	[av'ropa]
Azië (het)	Asiya	['asija]
Afrika (het)	Afrika	['afrika]
Australië (het)	Avstraliya	[av'stralija]
Amerika (het)	Amerika	[a'mɛrika]
Noord-Amerika (het)	Şimali Amerika	[ʃima'li a'mɛrika]
Zuid-Amerika (het)	Cənubi Amerika	[dʒʲænu'bi a'mɛrika]
Antarctica (het)	Antarktida	[antark'tida]
Arctis (de)	Arktika	['arktika]

124. Windrichtingen

noorden (het)	şimal	[ʃi'mal]
naar het noorden	şimala	[ʃima'la]
in het noorden	şimalda	[ʃimal'da]
noordelijk (bn)	şimali	[ʃima'li]
zuiden (het)	cənub	[dʒʲæ'nup]
naar het zuiden	cənuba	[dʒʲænu'ba]
in het zuiden	cənubda	[dʒʲænub'da]
zuidelijk (bn)	cənubi	[dʒʲænu'bi]
westen (het)	qərb	['gærp]
naar het westen	qərbə	[gær'bæ]
in het westen	qərbdə	[gærb'dæ]
westelijk (bn)	qərb	['gærp]
oosten (het)	şərq	['ʃærh]
naar het oosten	şərqə	[ʃær'gæ]
in het oosten	şərqdə	[ʃærg'dæ]
oostelijk (bn)	şərq	['ʃærh]

125. Zee. Oceaan

zee (de)	dəniz	[dæ'niz]
oceaan (de)	okean	[okɛ'an]
golf (baai)	körfəz	[kør'fæz]
straat (de)	boğaz	[bo'gaz]
grond (vaste grond)	quru	[gu'ru]
continent (het)	materik	[matɛ'rik]
eiland (het)	ada	[a'da]
schiereiland (het)	yarımada	[jarıma'da]
archipel (de)	arxipelaq	[arχipɛ'lah]
baai, bocht (de)	buxta	['buχta]
haven (de)	liman	[li'man]
lagune (de)	laquna	[la'guna]
kaap (de)	burun	[bu'run]
atol (de)	mərcan adası	[mær'dʒʲan ada'sı]
rif (het)	rif	['rif]
koraal (het)	mərcan	[mær'dʒʲan]
koraalrif (het)	mərcan rifi	[mær'dʒʲan ri'fi]
diep (bn)	dərin	[dæ'rin]
diepte (de)	dərinlik	[dærin'lik]
diepzee (de)	dərinlik	[dærin'lik]
trog (bijv. Marianentrog)	çuxur	[tʃu'χur]
stroming (de)	axın	[a'χın]
omspoelen (ww)	əhatə etmək	[æha'tæ ɛt'mæk]
oever (de)	sahil	[sa'hil]

kust (de)	sahilboyu	[sahilbo'ju]
vloed (de)	yüksəlmə	[jyksæl'mæ]
eb (de)	çəkilmə	[tʃækil'mæ]
ondiepte (ondiep water)	dayaz yer	[da'jaz 'ɛr]
bodem (de)	dib	['dip]
golf (hoge ~)	dalğa	[dal'ɣa]
golfkam (de)	ləpə beli	[læ'pæ bɛ'li]
schuim (het)	köpük	[kø'pyk]
orkaan (de)	qasırğa	[gasır'ɣa]
tsunami (de)	tsunami	[ʦu'nami]
windstilte (de)	tam sakitlik	['tam sakit'lik]
kalm (bijv. ~e zee)	sakit	[sa'kit]
pool (de)	polyus	['polʲus]
polair (bn)	qütbi	[gyt'bi]
breedtegraad (de)	en dairəsi	['ɛn dairæ'si]
lengtegraad (de)	uzunluq dairəsi	[uzun'lʲuh dairæ'si]
parallel (de)	paralel	[para'lɛl]
evenaar (de)	ekvator	[ɛk'vator]
hemel (de)	səma	[sæ'ma]
horizon (de)	üfüq	[y'fyh]
lucht (de)	hava	[ha'va]
vuurtoren (de)	mayak	[ma'jak]
duiken (ww)	dalmaq	[dal'mah]
zinken (ov. een boot)	batmaq	[bat'mah]
schatten (mv.)	xəzinə	[χæzi'næ]

126. Namen van zeeën en oceanen

Atlantische Oceaan (de)	Atlantik okean	[atlan'tik okɛ'an]
Indische Oceaan (de)	Hind okeanı	['hind okɛa'nı]
Stille Oceaan (de)	Sakit okean	[sa'kit okɛ'an]
Noordelijke IJszee (de)	Şimal buzlu okeanı	[ʃi'mal buz'lʲu okɛ'an]
Zwarte Zee (de)	Qara dəniz	[ga'ra dæ'niz]
Rode Zee (de)	Qırmızı dəniz	[gırmı'zı dæ'niz]
Gele Zee (de)	Sarı dəniz	[sa'rı dæ'niz]
Witte Zee (de)	Ağ dəniz	['aɣ dæ'niz]
Kaspische Zee (de)	Xəzər dənizi	[χæ'zær dæni'zi]
Dode Zee (de)	Ölü dənizi	[ø'lʲy dæni'zi]
Middellandse Zee (de)	Aralıq dənizi	[ara'lıh dæni'zi]
Egeïsche Zee (de)	Egey dənizi	[æ'gɛj dæni'zi]
Adriatische Zee (de)	Adriatik dənizi	[adria'tik dæni'zi]
Arabische Zee (de)	Ərəb dənizi	[æ'ræp dæni'zi]
Japanse Zee (de)	Yapon dənizi	[ja'pon dæni'zi]
Beringzee (de)	Berinq dənizi	['bɛrinh dæni'zi]

Zuid-Chinese Zee (de)	Cənubi Çin dənizi	[dʒˈænuˈbi ˈtʃin dæniˈzi]
Koraalzee (de)	Mərcan dənizi	[mærˈdʒˈan dæniˈzi]
Tasmanzee (de)	Tasman dənizi	[tasˈman dæniˈzi]
Caribische Zee (de)	Karib dənizi	[kaˈrip dæniˈzi]
Barentszzee (de)	Barens dənizi	[ˈbarɛns dæniˈzi]
Karische Zee (de)	Kars dənizi	[ˈkars dæniˈzi]
Noordzee (de)	Şimal dənizi	[ʃiˈmal dæniˈzi]
Baltische Zee (de)	Baltik dənizi	[balˈtik dæniˈzi]
Noorse Zee (de)	Norveç dənizi	[norˈvɛtʃ dæniˈzi]

127. Bergen

berg (de)	dağ	[ˈdaɣ]
bergketen (de)	dağ silsiləsi	[ˈdaɣ silsilæˈsi]
gebergte (het)	sıra dağlar	[sɪˈra daˈɣlar]
bergtop (de)	baş	[ˈbaʃ]
bergpiek (de)	zirvə	[zirˈvæ]
voet (ov. de berg)	ətək	[æˈtæk]
helling (de)	yamac	[jaˈmadʒˈ]
vulkaan (de)	yanardağ	[janarˈdaɣ]
actieve vulkaan (de)	fəal yanardağ	[fæˈal janarˈdaɣ]
uitgedoofde vulkaan (de)	sönmüş yanardağ	[sønˈmyʃ janarˈdaɣ]
uitbarsting (de)	püskürmə	[pyskyrˈmæ]
krater (de)	yanardağ ağzı	[janarˈdaɣ aˈɣzɪ]
magma (het)	maqma	[ˈmagma]
lava (de)	lava	[ˈlava]
gloeiend (~e lava)	qızmar	[gɪzˈmar]
kloof (canyon)	kanyon	[kaˈnjon]
bergkloof (de)	dərə	[dæˈræ]
spleet (de)	dar dərə	[ˈdar dæˈræ]
bergpas (de)	dağ keçidi	[ˈdaɣ kɛtʃiˈdi]
plateau (het)	plato	[ˈplato]
klip (de)	qaya	[gaˈja]
heuvel (de)	təpə	[tæˈpæ]
gletsjer (de)	buzlaq	[buzˈlah]
waterval (de)	şəlalə	[ʃælaˈlæ]
geiser (de)	qeyzer	[ˈgɛjzɛr]
meer (het)	göl	[ˈgølʲ]
vlakte (de)	düzən	[dyˈzæn]
landschap (het)	mənzərə	[mænzæˈræ]
echo (de)	əks-səda	[ˈæks sæˈda]
alpinist (de)	alpinist	[alpiˈnist]
bergbeklimmer (de)	qayalara dırmaşan idmançı	[gajalaˈra dɪrmaˈʃan idmanˈtʃɪ]
trotseren (berg ~)	fəth etmək	[ˈfæth ɛtˈmæk]
beklimming (de)	dırmaşma	[dɪrmaʃˈma]

128. Bergen namen

Alpen (de)	Alp dağları	['alp daɣla'rı]
Mont Blanc (de)	Monblan	[mon'blan]
Pyreneeën (de)	Pireney	[pirɛ'nɛj]
Karpaten (de)	Karpat	[kar'pat]
Oeralgebergte (het)	Ural dağları	[u'ral daɣla'rı]
Kaukasus (de)	Qafqaz	[gaf'gaz]
Elbroes (de)	Elbrus	[ɛlb'rus]
Altaj (de)	Altay	[al'taj]
Tiensjan (de)	Tyan-Şan	['tjan 'ʃan]
Pamir (de)	Pamir	[pa'mir]
Himalaya (de)	Himalay	[gima'laj]
Everest (de)	Everest	[ævɛ'rɛst]
Andes (de)	And dağları	['and daɣla'rı]
Kilimanjaro (de)	Kilimancaro	[kiliman'ʤʲaro]

129. Rivieren

rivier (de)	çay	['ʧaj]
bron (~ van een rivier)	çeşmə	[ʧɛʃ'mæ]
rivierbedding (de)	çay yatağı	['ʧaj jata'ɣı]
rivierbekken (het)	hovuz	[ho'vuz]
uitmonden in ...	tökülmək	[tøkyl'mæk]
zijrivier (de)	axın	[a'χın]
oever (de)	sahil	[sa'hil]
stroming (de)	axın	[a'χın]
stroomafwaarts (bw)	axınla aşağıya doğru	[a'χınla aʃaɣı'ja do'ɣru]
stroomopwaarts (bw)	axınla yuxarıya doğru	[a'χınla juχarı'ja do'ɣru]
overstroming (de)	daşqın	[daʃ'gın]
overstroming (de)	sel	['sɛl]
buiten zijn oevers treden	daşmaq	[daʃ'mah]
overstromen (ww)	su basmaq	['su bas'mah]
zandbank (de)	say	['saj]
stroomversnelling (de)	kandar	[kan'dar]
dam (de)	bənd	['bænd]
kanaal (het)	kanal	[ka'nal]
spaarbekken (het)	su anbarı	['su anba'rı]
sluis (de)	şlyuz	['ʃlʲuz]
waterlichaam (het)	nohur	[no'hur]
moeras (het)	bataqlıq	[batag'lıh]
broek (het)	bataq	[ba'tah]
draaikolk (de)	qıjov	[gı'ʒov]
stroom (de)	kiçik çay	[ki'ʧik 'ʧaj]

drink- (abn)	içməli	[itʃmæ'li]
zoet (~ water)	şirin	[ʃi'rin]
IJs (het)	buz	['buz]
bevriezen (rivier, enz.)	donmaq	[don'mah]

130. Namen van rivieren

Seine (de)	Sena	['sɛna]
Loire (de)	Luara	[lʲu'ara]
Theems (de)	Temza	['tɛmza]
Rijn (de)	Reyn	['rɛjn]
Donau (de)	Dunay	[du'naj]
Wolga (de)	Volqa	['volga]
Don (de)	Don	['don]
Lena (de)	Lena	['lɛna]
Gele Rivier (de)	Xuanxe	[χuan'χɛ]
Blauwe Rivier (de)	Yanqdzı	[jang'dzı]
Mekong (de)	Mekonq	[mɛ'konh]
Ganges (de)	Qanq	['ganh]
Nijl (de)	Nil	['nil]
Kongo (de)	Konqo	['kongo]
Okavango (de)	Okavanqo	[oka'vango]
Zambezi (de)	Zambezi	[zam'bɛzi]
Limpopo (de)	Limpopo	[limpo'po]
Mississippi (de)	Missisipi	[misi'sipi]

131. Bos

bos (het)	meşə	[mɛ'ʃæ]
bos- (abn)	meşə	[mɛ'ʃæ]
oerwoud (dicht bos)	sıx meşəlik	['sıχ mɛʃæ'lik]
bosje (klein bos)	ağaclıq	[aɣadʒʲ'lıh]
open plek (de)	tala	[ta'la]
struikgewas (het)	cəngəllik	[dʒʲængæl'lik]
struiken (mv.)	kolluq	[kol'lʲuh]
paadje (het)	cığır	[dʒʲı'ɣır]
ravijn (het)	yarğan	[jar'ɣan]
boom (de)	ağac	[a'ɣadʒʲ]
blad (het)	yarpaq	[jar'pah]
gebladerte (het)	yarpaqlar	[jarpag'lar]
vallende bladeren (mv.)	yarpağın tökülməsi	[jarpa'ɣın tøkylmæ'si]
vallen (ov. de bladeren)	tökülmək	[tøkyl'mæk]

boomtop (de)	baş	['baʃ]
tak (de)	budaq	[bu'dah]
ent (de)	budaq	[bu'dah]
knop (de)	tumurcuq	[tumur'dʒyh]
naald (de)	iynə	[ij'næ]
dennenappel (de)	qoza	[go'za]
boom holte (de)	oyuq	[o'juh]
nest (het)	yuva	[ju'va]
hol (het)	yuva	[ju'va]
stam (de)	gövdə	[gøv'dæ]
wortel (bijv. boom~s)	kök	['køk]
schors (de)	qabıq	[ga'bıh]
mos (het)	mamır	[ma'mır]
ontwortelen (een boom)	kötük çıxarmaq	[kø'tyk tʃıxar'mah]
kappen (een boom ~)	kəsmək	[kæs'mæk]
ontbossen (ww)	qırıb qurtarmaq	[gı'rıp gurtar'mah]
stronk (de)	kötük	[kø'tyk]
kampvuur (het)	tonqal	[ton'gal]
bosbrand (de)	yanğın	[jan'ɣın]
blussen (ww)	söndürmək	[søndyr'mæk]
boswachter (de)	meşəbəyi	[mɛʃæbæ'jı]
bescherming (de)	qoruma	[goru'ma]
beschermen (bijv. de natuur ~)	mühafizə etmək	[myhafi'zæ ɛt'mæk]
stroper (de)	brakonyer	[brako'njɛr]
val (de)	tələ	[tæ'læ]
plukken (vruchten, enz.)	yığmaq	[jı'ɣmah]
verdwalen (de weg kwijt zijn)	yolu azmaq	[jo'lʲu az'mah]

132. Natuurlijke hulpbronnen

natuurlijke rijkdommen (mv.)	təbii ehtiyatlar	[tæbi'i ɛhtijat'lar]
delfstoffen (mv.)	yeraltı sərvətlər	[ɛral'tı særvæt'lær]
lagen (mv.)	yataqlar	[jatag'lar]
veld (bijv. olie~)	yataq	[ja'tah]
winnen (uit erts ~)	hasil etmək	[ha'sil ɛt'mæk]
winning (de)	hasilat	[hasi'lat]
erts (het)	filiz	[fi'liz]
mijn (bijv. kolenmijn)	mədən	[mæ'dæn]
mijnschacht (de)	quyu	[gu'ju]
mijnwerker (de)	şaxtaçı	['ʃaxtatʃı]
gas (het)	qaz	['gaz]
gasleiding (de)	qaz borusu	['gaz boru'su]
olie (aardolie)	neft	['nɛft]
olieleiding (de)	neft borusu	['nɛft boru'su]

oliebron (de)	neft qüllәsi	['nɛft gyllæ'si]
boortoren (de)	neft buruğu	['nɛft buru'ɣu]
tanker (de)	tanker	['tankɛr]

zand (het)	qum	['gum]
kalksteen (de)	әhәngdaşı	[æhæŋgda'ʃɪ]
grind (het)	çınqıl	[ʧɪn'gɪl]
veen (het)	torf	['torf]
klei (de)	gil	['gil]
steenkool (de)	kömür	[kø'myr]

IJzer (het)	dәmir	[dæ'mir]
goud (het)	qızıl	[gɪ'zɪl]
zilver (het)	gümüş	[gy'myʃ]
nikkel (het)	nikel	['nikɛl]
koper (het)	mis	['mis]

zink (het)	sink	['sink]
mangaan (het)	manqan	[man'gan]
kwik (het)	civә	[dʒi'væ]
lood (het)	qurğuşun	[gurɣu'ʃun]

mineraal (het)	mineral	[minɛ'ral]
kristal (het)	kristal	[kris'tal]
marmer (het)	mәrmәr	[mær'mær]
uraan (het)	uran	[u'ran]

De Aarde. Deel 2

133. Weer

weer (het)	hava	[ha'va]
weersvoorspelling (de)	hava proqnozu	[ha'va progno'zu]
temperatuur (de)	temperatur	[tɛmpɛra'tur]
thermometer (de)	istilik ölçən	[isti'lik øl'ʧæn]
barometer (de)	barometr	[ba'romɛtr]
vochtigheid (de)	rütubət	[rytu'bæt]
hitte (de)	çox isti hava	['ʧoχ is'ti ha'va]
heet (bn)	çox isti	['ʧoχ is'ti]
het is heet	çox istidir	['ʧoχ is'tidir]
het is warm	istidir	[is'tidir]
warm (bn)	isti	[is'ti]
het is koud	soyuqdur	[so'jugdur]
koud (bn)	soyuq	[so'juh]
zon (de)	günəş	[gy'næʃ]
schijnen (de zon)	içıq saçmaq	[i'ʃıh saʧ'mah]
zonnig (~e dag)	günəşli	[gynæʃ'li]
opgaan (ov. de zon)	çıxmaq	[ʧıχ'mah]
ondergaan (ww)	batmaq	[bat'mah]
wolk (de)	bulud	[bu'lʲud]
bewolkt (bn)	buludlu	[bulʲud'lʲu]
regenwolk (de)	qara bulud	[ga'ra bu'lʲud]
somber (bn)	tutqun	[tut'gun]
regen (de)	yağış	[ja'ɣıʃ]
het regent	yağır	[ja'ɣır]
regenachtig (bn)	yağışlı	[jaɣıʃ'lı]
motregenen (ww)	çiskinləmək	[ʧiskinlæ'mæk]
plensbui (de)	şiddətli yağış	[ʃiddæt'li ja'ɣıʃ]
stortbui (de)	sel	['sɛl]
hard (bn)	şiddətli	[ʃiddæt'li]
plas (de)	su gölməçəsi	['su gølmæʧæ'si]
nat worden (ww)	islanmaq	[islan'mah]
mist (de)	duman	[du'man]
mistig (bn)	dumanlı	[duman'lı]
sneeuw (de)	qar	['gar]
het sneeuwt	qar yağır	['gar ja'ɣır]

134. Zwaar weer. Natuurrampen

noodweer (storm)	tufan	[tu'fan]
bliksem (de)	şimşək	[ʃimˈʃæk]
flitsen (ww)	çaxmaq	[tʃaχˈmah]
donder (de)	göy gurultusu	[gøj gyrultuˈsu]
donderen (ww)	guruldamaq	[guruldaˈmah]
het dondert	göy guruldayır	[gøj gyruldaˈjɪr]
hagel (de)	dolu	[doˈlʲu]
het hagelt	dolu yağır	[doˈlʲu jaˈɣɪr]
overstromen (ww)	su basmaq	[ˈsu basˈmah]
overstroming (de)	daşqın	[daʃˈgɪn]
aardbeving (de)	zəlzələ	[zælzæˈlæ]
aardschok (de)	təkan	[tæˈkan]
epicentrum (het)	mərkəz	[mærˈkæz]
uitbarsting (de)	püskürmə	[pyskyrˈmæ]
lava (de)	lava	[ˈlava]
wervelwind (de)	burağan	[buraˈɣan]
windhoos (de)	tornado	[torˈnado]
tyfoon (de)	şiddətli fırtına	[ʃiddætˈli fɪrtɪˈna]
orkaan (de)	qasırğa	[gasɪrˈɣa]
storm (de)	fırtına	[fɪrtɪˈna]
tsunami (de)	tsunami	[tsuˈnami]
cycloon (de)	siklon	[sikˈlon]
onweer (het)	pis hava	[ˈpis haˈva]
brand (de)	yanğın	[janˈɣɪn]
ramp (de)	fəlakət	[fælaˈkæt]
meteoriet (de)	meteorit	[mɛtɛoˈrit]
lawine (de)	qar uçqunu	[ˈgar utʃguˈnu]
sneeuwverschuiving (de)	qar uçqunu	[ˈgar utʃguˈnu]
sneeuwjacht (de)	çovğun	[tʃovˈɣun]
sneeuwstorm (de)	boran	[boˈran]

Fauna

135. Zoogdieren. Roofdieren

roofdier (het)	yırtıcı	[jɪrtı'dʒʲı]
tijger (de)	pələng	[pæ'lænh]
leeuw (de)	şir	['ʃir]
wolf (de)	canavar	[dʒʲana'var]
vos (de)	tülkü	[tyl'ky]
jaguar (de)	yaquar	[jagu'ar]
luipaard (de)	leopard	[lɛo'pard]
jachtluipaard (de)	gepard	[gɛ'pard]
panter (de)	panter	[pan'tɛr]
poema (de)	puma	['puma]
sneeuwluipaard (de)	qar bəbiri	['gar bæbi'ri]
lynx (de)	vaşaq	[va'ʃah]
coyote (de)	koyot	[ko'jot]
jakhals (de)	çaqqal	[tʃak'kal]
hyena (de)	kaftar	[kʲaf'tar]

136. Wilde dieren

dier (het)	heyvan	[hɛj'van]
beest (het)	vəhşi heyvan	[væh'ʃi hɛj'van]
eekhoorn (de)	sincab	[sin'dʒʲap]
egel (de)	kirpi	[kir'pi]
haas (de)	dovşan	[dov'ʃan]
konijn (het)	ev dovşanı	['ɛv dovʃa'nı]
das (de)	porsuq	[por'suh]
wasbeer (de)	yenot	[ɛ'not]
hamster (de)	dağsiçanı	['daɤsitʃanı]
marmot (de)	marmot	[mar'mot]
mol (de)	köstəbək	[køstæ'bæk]
muis (de)	siçan	[si'tʃan]
rat (de)	siçovul	[sitʃo'vul]
vleermuis (de)	yarasa	[jara'sa]
hermelijn (de)	sincab	[sin'dʒʲap]
sabeldier (het)	samur	[sa'mur]
marter (de)	dələ	[dæ'læ]
wezel (de)	gəlincik	[gɛlin'dʒʲik]
nerts (de)	su samuru	['su samu'ru]

bever (de)	qunduz	[gun'duz]
otter (de)	susamuru	[susamu'ru]
paard (het)	at	['at]
eland (de)	sığın	[sı'ɣın]
hert (het)	maral	[ma'ral]
kameel (de)	dəvə	[dæ'væ]
bizon (de)	bizon	[bi'zon]
oeros (de)	zubr	['zubr]
buffel (de)	camış	[dʒʲa'mıʃ]
zebra (de)	zebra	['zɛbra]
antilope (de)	antilop	[anti'lop]
ree (de)	cüyür	[dʒy'jur]
damhert (het)	xallı maral	[χal'lı ma'ral]
gems (de)	dağ keçisi	['daɣ kɛtʃi'si]
everzwijn (het)	qaban	[ga'ban]
walvis (de)	balina	[ba'lina]
rob (de)	suiti	[sui'ti]
walrus (de)	morj	['morʒ]
zeehond (de)	dəniz pişiyi	[dæ'niz piʃi'jı]
dolfijn (de)	delfin	[dɛl'fin]
beer (de)	ayı	[a'jı]
IJsbeer (de)	ağ ayı	['aɣ a'jı]
panda (de)	panda	['panda]
aap (de)	meymun	[mɛj'mun]
chimpansee (de)	şimpanze	[ʃimpan'zɛ]
orang-oetan (de)	oranqutan	[orangu'tan]
gorilla (de)	qorilla	[go'rilla]
makaak (de)	makaka	[ma'kaka]
gibbon (de)	gibbon	[gib'bon]
olifant (de)	fil	['fil]
neushoorn (de)	kərgədən	[kærgæ'dan]
giraffe (de)	zürafə	[zyra'fæ]
nijlpaard (het)	begemot	[bɛgɛ'mot]
kangoeroe (de)	kenquru	[kɛngu'ru]
koala (de)	koala	[ko'ala]
mangoest (de)	manqust	[man'gust]
chinchilla (de)	şinşilla	[ʃin'ʃila]
stinkdier (het)	skuns	['skuns]
stekelvarken (het)	oxlu kirpi	[oχ'lʲu kir'pi]

137. Huisdieren

poes (de)	pişik	[pi'ʃik]
kater (de)	pişik	[pi'ʃik]
hond (de)	it	['it]

paard (het)	at	['at]
hengst (de)	ayğır	[aj'ɣɪr]
merrie (de)	madyan	[ma'djan]

koe (de)	inək	[i'næk]
stier (de)	buğa	[bu'ɣa]
os (de)	öküz	[ø'kyz]

schaap (het)	qoyun	[go'jun]
ram (de)	qoyun	[go'jun]
geit (de)	keçi	[kɛ'tʃi]
bok (de)	erkək keçi	[ɛr'kæk kɛ'tʃi]

| ezel (de) | eşşək | [ɛ'ʃʃæk] |
| muilezel (de) | qatır | [ga'tɪr] |

varken (het)	donuz	[do'nuz]
biggetje (het)	çoşka	[tʃoʃ'ka]
konijn (het)	ev dovşanı	['ɛv dovʃa'nɪ]

| kip (de) | toyuq | [to'juh] |
| haan (de) | xoruz | [χo'ruz] |

eend (de)	ördək	[ør'dæk]
woerd (de)	yaşılbaş	[jaʃɪl'baʃ]
gans (de)	qaz	['gaz]

| kalkoen haan (de) | hind xoruzu | ['hind χoru'zu] |
| kalkoen (de) | hind toyuğu | ['hind toju'ɣu] |

huisdieren (mv.)	ev heyvanları	['æv hɛjvanla'rɪ]
tam (bijv. hamster)	əhliləşdirilmiş	[æhlilæʃdiril'miʃ]
temmen (tam maken)	əhliləşdirmək	[æhlilæʃdir'mæk]
fokken (bijv. paarden ~)	yetişdirmək	[ɛtiʃdir'mæk]

boerderij (de)	ferma	['fɛrma]
gevogelte (het)	ev quşları	['ɛv guʃla'rɪ]
rundvee (het)	mal-qara	['mal ga'ra]
kudde (de)	sürü	[sy'ry]

paardenstal (de)	tövlə	[tøv'læ]
zwijnenstal (de)	donuz damı	[do'nuz da'mɪ]
koeienstal (de)	inək damı	[i'næk da'mɪ]
konijnenhok (het)	ev dovşanı saxlanılan yer	['æv dovʃa'nɪ saχlanɪ'lan 'ɛr]
kippenhok (het)	toyuq damı	[to'juh da'mɪ]

138. Vogels

vogel (de)	quş	['guʃ]
duif (de)	göyərçin	[gøjær'tʃin]
mus (de)	sərçə	[sær'tʃæ]
koolmees (de)	arıquşu	[arɪgu'ʃu]
ekster (de)	sağsağan	[saɣsa'ɣan]
raaf (de)	qarğa	[gar'ɣa]

kraai (de)	qarğa	[gar'ɣa]
kauw (de)	dolaşa	[dola'ʃa]
roek (de)	zağca	[zaɣ'dʒʲa]
eend (de)	ördək	[ør'dæk]
gans (de)	qaz	['gaz]
fazant (de)	qırqovul	[gɪrgo'vul]
arend (de)	qartal	[gar'tal]
havik (de)	qırğı	[gɪr'ɣɪ]
valk (de)	şahin	[ʃa'hin]
gier (de)	qrif	['grif]
condor (de)	kondor	[kon'dor]
zwaan (de)	sona	[so'na]
kraanvogel (de)	durna	[dur'na]
ooievaar (de)	leylək	[lɛj'læk]
papegaai (de)	tutuquşu	[tutugu'ʃu]
kolibrie (de)	kolibri	[ko'libri]
pauw (de)	tovuz	[to'vuz]
struisvogel (de)	straus	[st'raus]
reiger (de)	vağ	['vaɣ]
flamingo (de)	qızılqaz	[gɪzɪl'gaz]
pelikaan (de)	qutan	[gu'tan]
nachtegaal (de)	bülbül	[bylʲ'bylʲ]
zwaluw (de)	qaranquş	[garan'guʃ]
lijster (de)	qaratoyuq	[garato'juh]
zanglijster (de)	ötən qaratoyuq	[ø'tæn garato'juh]
merel (de)	qara qaratoyuq	[ga'ra garato'juh]
gierzwaluw (de)	uzunqanad	[uzunga'nad]
leeuwerik (de)	torağay	[tora'ɣaj]
kwartel (de)	bidirçin	[bilʲdir'tʃin]
specht (de)	ağacdələn	[aɣadʒʲdæ'læn]
koekoek (de)	ququ quşu	[gu'gu gu'ʃu]
uil (de)	bayquş	[baj'guʃ]
oehoe (de)	yapalaq	[japa'lah]
auerhoen (het)	Sibir xoruzu	[si'bir ɣoru'zu]
korhoen (het)	tetra quşu	['tɛtra gu'ʃu]
patrijs (de)	kəklik	[kæk'lik]
spreeuw (de)	sığırçın	[sɪɣɪr'tʃɪn]
kanarie (de)	sarıbülbül	[sarɪbylʲ'bylʲ]
hazelhoen (het)	qarabağır	[garaba'ɣɪr]
vink (de)	alacəhrə	[alatʃæh'ræ]
goudvink (de)	qar quşu	['gar gu'ʃu]
meeuw (de)	qağayı	[gaga'jɪ]
albatros (de)	albatros	[albat'ros]
pinguïn (de)	pinqvin	[ping'vin]

139. Vis. Zeedieren

brasem (de)	çapaq	[ʧa'pah]
karper (de)	karp	['karp]
baars (de)	xanı balığı	[χa'nı balı'ɣı]
meerval (de)	naqqa	[nak'ka]
snoek (de)	durnabalığı	[durnabalı'ɣı]

zalm (de)	qızılbalıq	[gızılba'lıh]
steur (de)	nərə balığı	[næ'ræ balı'ɣı]

haring (de)	siyənək	[sijæ'næk]
atlantische zalm (de)	somğa	[som'ɣa]
makreel (de)	skumbriya	['skumbrija]
platvis (de)	qalxan balığı	[gal'χan balı'ɣı]

snoekbaars (de)	suf balığı	['suf balı'ɣı]
kabeljauw (de)	treska	[trɛs'ka]
tonijn (de)	tunes	[tu'nɛs]
forel (de)	alabalıq	[alaba'lıh]

paling (de)	angvil balığı	[ang'vil balı'ɣı]
sidderrog (de)	elektrikli skat	[ɛlɛktrik'li 'skat]
murene (de)	müren balığı	[my'rɛn balı'ɣı]
piranha (de)	piranya balığı	[pi'ranja balı'ɣı]

haai (de)	köpək balığı	[kø'pæk balı'ɣı]
dolfijn (de)	delfin	[dɛl'fin]
walvis (de)	balina	[ba'lina]

krab (de)	qısaquyruq	[gısaguj'ruh]
kwal (de)	meduza	[mɛ'duza]
octopus (de)	səkkizayaqlı ilbiz	[sækkizajag'lı il'biz]

zeester (de)	dəniz ulduzu	[dæ'niz uldu'zu]
zee-egel (de)	dəniz kirpisi	[dæ'niz kirpi'si]
zeepaardje (het)	dəniz atı	[dæ'niz a'tı]

oester (de)	istridyə	[istri'dʲæ]
garnaal (de)	krevet	[krɛ'vɛt]
kreeft (de)	omar	[o'mar]
langoest (de)	lanqust	[lan'gust]

140. Amfibieën. Reptielen

slang (de)	ilan	[i'lan]
giftig (slang)	zəhərli	[zæhær'li]

adder (de)	gürzə	[gyr'zæ]
cobra (de)	kobra	['kobra]
python (de)	piton	[pi'ton]
boa (de)	boa	[bo'a]
ringslang (de)	koramal	[kora'mal]

ratelslang (de)	zınqırovlu ilan	[zɪngɪrov'lʲu i'lan]
anaconda (de)	anakonda	[ana'konda]
hagedis (de)	kərtənkələ	[kærtænkæ'læ]
leguaan (de)	iquana	[igu'ana]
varaan (de)	çöl kərtənkələsi	[tʃœl kærtænkælæ'si]
salamander (de)	salamandr	[sala'mandr]
kameleon (de)	buğələmun	[buɣælæ'mun]
schorpioen (de)	əqrəb	[æg'ræp]
schildpad (de)	tısbağa	[tɪsba'ɣa]
kikker (de)	qurbağa	[gurba'ɣa]
pad (de)	quru qurbağası	[gu'ru gurbaɣa'sɪ]
krokodil (de)	timsah	[tim'sah]

141. Insecten

insect (het)	həşarat	[hæʃa'rat]
vlinder (de)	kəpənək	[kæpæ'næk]
mier (de)	qarışqa	[garɪʃ'ga]
vlieg (de)	milçək	[mil'tʃæk]
mug (de)	ağcaqanad	[aɣdʒʲaga'nad]
kever (de)	böcək	[bø'dʒʲæk]
wesp (de)	arı	[a'rɪ]
bij (de)	bal arısı	['bal arɪ'sɪ]
hommel (de)	eşşək arısı	[ɛ'ʃæk arɪ'sɪ]
horzel (de)	mozalan	[moza'lan]
spin (de)	hörümçək	[hørym'tʃæk]
spinnenweb (het)	hörümçək toru	[hørym'tʃæk toru]
libel (de)	cırcırama	[dʒʲɪrdʒʲɪra'ma]
sprinkhaan (de)	şala cırcıraması	[ʃa'la dʒʲɪrdʒʲɪrama'sɪ]
nachtvlinder (de)	pərvanə	[pærva'næ]
kakkerlak (de)	tarakan	[tara'kan]
mijt (de)	gənə	[gæ'næ]
vlo (de)	birə	[bi'ræ]
kriebelmug (de)	mığmığa	[mɪɣmɪ'ɣa]
treksprinkhaan (de)	çəyirtkə	[tʃæjɪrt'kæ]
slak (de)	ilbiz	[il'biz]
krekel (de)	sisəy	[si'sæj]
glimworm (de)	işıldaquş	[iʃɪlda'guʃ]
lieveheersbeestje (het)	xanımböcəyi	[χanɪmbødʒʲæ'jɪ]
meikever (de)	may böcəyi	['maj bødʒʲæ'jɪ]
bloedzuiger (de)	zəli	[zæ'li]
rups (de)	kəpənək qurdu	[kæpæ'næk gur'du]
aardworm (de)	qurd	['gurd]
larve (de)	sürfə	[syr'fæ]

Flora

142. Bomen

boom (de)	ağac	[a'ɣadʒʲ]
loof- (abn)	yarpaqlı	[jarpag'lı]
dennen- (abn)	iynəli	[ijnæ'li]
groenblijvend (bn)	həmişəyaşıl	[hæmiʃæja'ʃıl]

appelboom (de)	alma	[al'ma]
perenboom (de)	armud	[ar'mud]
zoete kers (de)	gilas	[gi'las]
zure kers (de)	albalı	[alba'lı]
pruimelaar (de)	gavalı	[gava'lı]

berk (de)	tozağacı	[tozaɣa'dʒʲı]
eik (de)	palıd	[pa'lıd]
linde (de)	cökə	[dʒʲø'kæ]
esp (de)	ağcaqovaq	[aɣdʒʲago'vah]
esdoorn (de)	ağcaqayın	[aɣdʒʲaga'jın]

spar (de)	küknar	[kyk'nar]
den (de)	şam	['ʃam]
lariks (de)	qara şam ağacı	[ga'ra 'ʃam aɣa'dʒʲı]
zilverspar (de)	ağ şam ağacı	['aɣ 'ʃam aɣadʒʲı]
ceder (de)	sidr	['sidr]

populier (de)	qovaq	[go'vah]
lijsterbes (de)	quşarmudu	[guʃarmu'du]
wilg (de)	söyüd	[sø'jud]
els (de)	qızılağac	[gızıla'ɣadʒʲ]
beuk (de)	fıstıq	[fıs'tıh]
iep (de)	qarağac	[gara'ɣadʒʲ]
es (de)	göyrüş	[gøj'ryʃ]
kastanje (de)	şabalıd	[ʃaba'lıd]

magnolia (de)	maqnoliya	[mag'nolija]
palm (de)	palma	['palma]
cipres (de)	sərv	['særv]
mangrove (de)	manqra ağacı	['mangra aɣa'dʒʲı]
baobab (apenbroodboom)	baobab	[bao'bap]
eucalyptus (de)	evkalipt	[ɛvka'lipt]
mammoetboom (de)	sekvoya	[sɛk'voja]

143. Heesters

struik (de)	kol	['køl]
heester (de)	kolluq	[kol'lʲuh]

wijnstok (de)	üzüm	[y'zym]
wijngaard (de)	üzüm bağı	[y'zym ba'ɣı]
frambozenstruik (de)	moruq	[mo'ruh]
rode bessenstruik (de)	qırmızı qarağat	[gırmı'zı gara'ɣat]
kruisbessenstruik (de)	krıjovnik	[krı'ʒovnik]
acacia (de)	akasiya	[a'kasija]
zuurbes (de)	zərinc	[zæ'rindʒʲ]
jasmijn (de)	jasmin	[ʒas'min]
jeneverbes (de)	ardıc kolu	[ar'dıdʒʲ ko'lʲu]
rozenstruik (de)	qızılgül kolu	[gızıl'gylʲ ko'lʲu]
hondsroos (de)	itburnu	[itbur'nu]

144. Vruchten. Bessen

appel (de)	alma	[al'ma]
peer (de)	armud	[ar'mud]
pruim (de)	gavalı	[gava'lı]
aardbei (de)	bağ çiyələyi	['baɣ tʃijælæ'jı]
zure kers (de)	albalı	[alba'lı]
zoete kers (de)	gilas	[gi'las]
druif (de)	üzüm	[y'zym]
framboos (de)	moruq	[mo'ruh]
zwarte bes (de)	qara qarağat	[ga'ra gara'ɣat]
rode bes (de)	qırmızı qarağat	[gırmı'zı gara'ɣat]
kruisbes (de)	krıjovnik	[krı'ʒovnik]
veenbes (de)	quşüzümü	[guʃyzy'my]
sinaasappel (de)	portağal	[porta'ɣal]
mandarijn (de)	mandarin	[manda'rin]
ananas (de)	ananas	[ana'nas]
banaan (de)	banan	[ba'nan]
dadel (de)	xurma	[χur'ma]
citroen (de)	limon	[li'mon]
abrikoos (de)	ərik	[æ'rik]
perzik (de)	şaftalı	[ʃafta'lı]
kiwi (de)	kivi	['kivi]
grapefruit (de)	qreypfrut	['grɛjpfrut]
bes (de)	giləmeyvə	[gilæmɛj'væ]
bessen (mv.)	giləmeyvələr	[gilæmɛjvæ'lær]
vossenbes (de)	mərsin	[mær'sin]
bosaardbei (de)	çiyələk	[tʃijæ'læk]
bosbes (de)	qaragilə	[garagi'læ]

145. Bloemen. Planten

bloem (de)	gül	['gylʲ]
boeket (het)	gül dəstəsi	['gylʲ dæstæ'si]

roos (de)	qızılgül	[gızıl'gylʲ]
tulp (de)	lalə	[la'læ]
anjer (de)	qərənfil	[gæræn'fil]
gladiool (de)	qladiolus	[gladi'olʲus]
korenbloem (de)	peyğəmbərçiçəyi	[pɛjɣæmbærtʃitʃæ'jı]
klokje (het)	zəngçiçəyi	[zængtʃitʃæ'jı]
paardenbloem (de)	zəncirotu	[zændʒʲiro'tu]
kamille (de)	çobanyastığı	[tʃobanjastı'ɣı]
aloë (de)	əzvay	[æz'vaj]
cactus (de)	kaktus	['kaktus]
ficus (de)	fikus	['fikus]
lelie (de)	zanbaq	[zan'bah]
geranium (de)	ətirşah	[ætir'ʃah]
hyacint (de)	giasint	[gia'sint]
mimosa (de)	küsdüm ağacı	[kys'dym aɣa'dʒʲı]
narcis (de)	nərgizgülü	[nærgizgy'ly]
Oostindische kers (de)	ərikgülü	[ærikgy'ly]
orchidee (de)	səhləb çiçəyi	[sæh'læp tʃitʃæ'jı]
pioenroos (de)	pion	[pi'on]
viooltje (het)	bənövşə	[bænøv'ʃæ]
driekleurig viooltje (het)	alabəzək bənövşə	[alabæ'zæk bænøv'ʃæ]
vergeet-mij-nietje (het)	yaddaş çiçəyi	[jad'daʃ tʃitʃæ'jı]
madeliefje (het)	qızçiçəyi	[gıztʃitʃæ'jı]
papaver (de)	lalə	[la'læ]
hennep (de)	çətənə	[tʃætæ'næ]
munt (de)	nanə	[na'næ]
lelietje-van-dalen (het)	inciçiçəyi	[indʒʲitʃitʃæ'jı]
sneeuwklokje (het)	novruzgülü	[novruzgy'ly]
brandnetel (de)	gicitkən	[gitʃit'kæn]
veldzuring (de)	quzuqulağı	[guzugula'ɣı]
waterlelie (de)	ağ suzanbağı	['aɣ suzanba'ɣı]
varen (de)	ayıdöşəyi	[ajıdøʃæ'jı]
korstmos (het)	şibyə	[ʃib'jæ]
oranjerie (de)	oranjereya	[oranʒɛ'rɛja]
gazon (het)	qazon	[ga'zon]
bloemperk (het)	çiçək ləki	[tʃi'tʃæk læ'ki]
plant (de)	bitki	[bit'ki]
gras (het)	ot	['ot]
grasspriet (de)	ot saplağı	['ot sapla'ɣı]
blad (het)	yarpaq	[jar'pah]
bloemblad (het)	ləçək	[læ'tʃæk]
stengel (de)	saplaq	[sap'lah]
knol (de)	kök yumrusu	[køk jumru'su]
scheut (de)	cücərti	[dʒydʒʲær'ti]

doorn (de)	tikan	[ti'kan]
bloeien (ww)	çiçək açmaq	[tʃi'tʃæk atʃ'mah]
verwelken (ww)	solmaq	[sol'mah]
geur (de)	ətir	[æ'tir]
snijden (bijv. bloemen ~)	kəsmək	[kæs'mæk]
plukken (bloemen ~)	dərmək	[dær'mæk]

146. Granen, graankorrels

graan (het)	dən	['dæn]
graangewassen (mv.)	dənli bitkilər	[dæn'li bitki'lær]
aar (de)	sümbül	[sym'bylʲ]
tarwe (de)	taxıl	[ta'χıl]
rogge (de)	covdar	[dʒʲov'dar]
haver (de)	yulaf	[ju'laf]
gierst (de)	darı	[da'rı]
gerst (de)	arpa	[ar'pa]
maïs (de)	qarğıdalı	[garɣıda'lı]
rijst (de)	düyü	[dy'ju]
boekweit (de)	qarabaşaq	[garaba'ʃah]
erwt (de)	noxud	[no'χud]
boon (de)	lobya	[lo'bja]
soja (de)	soya	['soja]
linze (de)	mərcimək	[mærdʒʲi'mæk]
bonen (mv.)	paxla	[paχ'la]

LANDEN. NATIONALITEITEN

147. West-Europa

| Europa (het) | Avropa | [av'ropa] |
| Europese Unie (de) | Avropa Birliyi | [av'ropa birli'jı] |

Oostenrijk (het)	Avstriya	['avstrija]
Groot-Brittannië (het)	Böyük Britaniya	[bø'juk bri'tanija]
Engeland (het)	İngiltərə	[in'giltæræ]
België (het)	Belçika	['bɛltʃika]
Duitsland (het)	Almaniya	[al'manija]

Nederland (het)	Niderland	[nidɛr'land]
Holland (het)	Hollandiya	[hol'landija]
Griekenland (het)	Yunanıstan	[junanıs'tan]
Denemarken (het)	Danimarka	[dani'marka]
Ierland (het)	İrlandiya	[ir'landija]
IJsland (het)	İslandiya	[is'landija]

Spanje (het)	İspaniya	[is'panija]
Italië (het)	İtaliya	[i'talija]
Cyprus (het)	Kıbrıs	['kıbrıs]
Malta (het)	Malta	['malta]

Noorwegen (het)	Norveç	[nor'vɛtʃ]
Portugal (het)	Portuqaliya	[portu'galija]
Finland (het)	Finlyandiya	[fin'lʲandija]
Frankrijk (het)	Fransa	['fransa]

Zweden (het)	İsveç	[is'vɛtʃ]
Zwitserland (het)	İsveçrə	[is'vɛtʃræ]
Schotland (het)	Şotlandiya	[ʃot'landija]

Vaticaanstad (de)	Vatikan	[vati'kan]
Liechtenstein (het)	Lixtenşteyn	[liχtɛn'ʃtɛjn]
Luxemburg (het)	Lüksemburq	[lyksɛm'burh]
Monaco (het)	Monako	[mo'nako]

148. Centraal- en Oost-Europa

Albanië (het)	Albaniya	[al'banija]
Bulgarije (het)	Bolqarıstan	[bolgarıs'tan]
Hongarije (het)	Macarıstan	[madʒʲarıs'tan]
Letland (het)	Latviya	['latvija]

| Litouwen (het) | Litva | [lit'va] |
| Polen (het) | Polşa | ['polʃa] |

Roemenië (het)	Rumıniya	[ru'mınija]
Servië (het)	Serbiya	['sɛrbija]
Slowakije (het)	Slovakiya	[slo'vakija]

Kroatië (het)	Xorvatiya	[χor'vatija]
Tsjechië (het)	Çexiya	['ʧcχija]
Estland (het)	Estoniya	[ɛs'tonija]

Bosnië en Herzegovina (het)	Bosniya ve Hersoqovina	['bosnija 'væ hɛrsogo'vina]
Macedonië (het)	Makedoniya	[makɛ'donija]
Slovenië (het)	Sloveniya	[slo'vɛnija]
Montenegro (het)	Qaradağ	[ga'radaɣ]

149. Voormalige USSR landen

| Azerbeidzjan (het) | Azərbaycan | [azærbaj'ʤʲan] |
| Armenië (het) | Ermənistan | [ɛrmænis'tan] |

Wit-Rusland (het)	Belarus	[bɛla'rus]
Georgië (het)	Gürcüstan	[gyrʤys'tan]
Kazakstan (het)	Qazaxstan	[gazaχ'stan]
Kirgizië (het)	Qırğızıstan	[gırɣızıs'tan]
Moldavië (het)	Moldova	[mol'dova]

| Rusland (het) | Rusiya | ['rusija] |
| Oekraïne (het) | Ukrayna | [uk'rajna] |

Tadzjikistan (het)	Tacikistan	[taʤʲikis'tan]
Turkmenistan (het)	Türkmənistan	[tyrkmænis'tan]
Oezbekistan (het)	Özbəkistan	[øzbækis'tan]

150. Azië

Azië (het)	Asiya	['asija]
Vietnam (het)	Vyetnam	[vjɛt'nam]
India (het)	Hindistan	[hindis'tan]
Israël (het)	İsrail	[isra'il]

China (het)	Çin	['ʧin]
Libanon (het)	Livan	[li'van]
Mongolië (het)	Monqolustan	[mongolʲus'tan]

| Maleisië (het) | Malayziya | [ma'lajzija] |
| Pakistan (het) | Pakistan | [pakis'tan] |

Saoedi-Arabië (het)	Səudiyyə Ərəbistanı	[sæudi'æ æræbista'nı]
Thailand (het)	Tailand	[tai'land]
Taiwan (het)	Tayvan	[taj'van]
Turkije (het)	Türkiyə	['tyrkijæ]
Japan (het)	Yaponiya	[ja'ponija]
Afghanistan (het)	Afqanistan	[afganis'tan]
Bangladesh (het)	Banqladeş	[bangla'dɛʃ]

Indonesië (het)	İndoneziya	[indo'nɛzija]
Jordanië (het)	İordaniya	[ior'danija]
Irak (het)	İraq	[i'rak]
Iran (het)	İran	[i'ran]
Cambodja (het)	Kamboca	[kam'bodʑa]
Koeweit (het)	Küveyt	[ky'vɛjt]
Laos (het)	Laos	[la'os]
Myanmar (het)	Myanma	['mjanma]
Nepal (het)	Nepal	[nɛ'pal]
Verenigde Arabische Emiraten	Birləşmiş Ərəb Əmirlikləri	[birlæʃ'miʃ æ'ræp æmirliklæ'ri]
Syrië (het)	Suriya	['surija]
Palestijnse autonomie (de)	Fələstin muxtariyyatı	[fælæs'tin muχtaria'tı]
Zuid-Korea (het)	Cənubi Koreya	[dʑænu'bi ko'rɛja]
Noord-Korea (het)	Şimali Koreya	[ʃima'li ko'rɛja]

151. Noord-Amerika

Verenigde Staten van Amerika	Amerika Birləşmiş Ştatları	[a'mɛrika birlæʃ'miʃ ʃtatla'rı]
Canada (het)	Kanada	[ka'nada]
Mexico (het)	Meksika	['mɛksika]

152. Midden- en Zuid-Amerika

Argentinië (het)	Argentina	[argɛn'tina]
Brazilië (het)	Braziliya	[bra'zilija]
Colombia (het)	Kolumbiya	[ko'lʲumbija]
Cuba (het)	Kuba	['kuba]
Chili (het)	Çili	['tʃili]
Bolivia (het)	Boliviya	[bo'livija]
Venezuela (het)	Venesuela	[vɛnɛsu'æla]
Paraguay (het)	Paraqvay	[parag'vaj]
Peru (het)	Peru	[pɛ'ru]
Suriname (het)	Surinam	[suri'nam]
Uruguay (het)	Uruqvay	[urug'vaj]
Ecuador (het)	Ekvador	[ɛkva'dor]
Bahama's (mv.)	Baqam adaları	[ba'gam adala'rı]
Haïti (het)	Haiti	[ha'iti]
Dominicaanse Republiek (de)	Dominikan Respublikası	[domini'kan rɛs'publikası]
Panama (het)	Panama	[pa'nama]
Jamaica (het)	Yamayka	[ja'majka]

153. Afrika

Egypte (het)	Misir	[mi'sir]
Marokko (het)	Mərakeş	[mæra'kɛʃ]
Tunesië (het)	Tunis	[tu'nis]
Ghana (het)	Qana	['gana]
Zanzibar (het)	Zənzibar	[zænzi'bar]
Kenia (het)	Keniya	['kɛnija]
Libië (het)	Liviya	['livija]
Madagaskar (het)	Madaqaskar	[madagas'kar]
Namibië (het)	Namibiya	[na'mibija]
Senegal (het)	Seneqal	[sɛnɛ'gal]
Tanzania (het)	Tanzaniya	[tan'zanija]
Zuid-Afrika (het)	Cənubi Afrika respublikası	[ʤæ̝nu'bi 'afrika rɛs'publikası]

154. Australië. Oceanië

Australië (het)	Avstraliya	[av'stralija]
Nieuw-Zeeland (het)	Yeni Zelandiya	[ɛ'ni zɛ'landija]
Tasmanië (het)	Tasmaniya	[tas'manija]
Frans-Polynesië	Fransız Polineziyası	[fran'sız poli'nɛzijası]

155. Steden

Amsterdam	Amsterdam	[amstɛr'dam]
Ankara	Ankara	[anka'ra]
Athene	Afina	[a'fina]
Bagdad	Bağdad	[ba'ɣdad]
Bangkok	Banqkok	[ban'kok]
Barcelona	Barselona	[barsɛ'lona]
Beiroet	Beyrut	[bɛj'rut]
Berlijn	Berlin	[bɛr'lin]
Boedapest	Budapeşt	[buda'pɛʃt]
Boekarest	Buxarest	[buχa'rɛst]
Bombay, Mumbai	Bombey	[bom'bɛj]
Bonn	Bonn	['bonn]
Bordeaux	Bordo	[bor'do]
Bratislava	Bratislava	[bratisla'va]
Brussel	Brüssel	[brys'sɛl]
Caïro	Qahirə	[gahi'ræ]
Calcutta	Kalkutta	[kal'kutta]
Chicago	Çikaqo	[ʧi'kago]
Dar Es Salaam	Dar Əs Salam	['dar 'æs sa'lam]
Delhi	Dehli	[dɛh'li]

Den Haag	Haaga	[ha'aga]
Dubai	Dubay	[du'baj]
Dublin	Dublin	['dublin]
Düsseldorf	Düsseldorf	['dyssɛlʲdorf]
Florence	Florensiya	[flo'rɛnsija]
Frankfort	Frankfurt	['frankfurt]
Genève	Cenevrə	[dʒʲɛ'nɛvræ]
Hamburg	Hamburq	['hamburh]
Hanoi	Hanoy	[ha'noj]
Havana	Havana	[ha'vana]
Helsinki	Helsinki	['hɛlsinki]
Hiroshima	Xirosima	[χiro'sima]
Hongkong	Honkonq	[hon'konh]
Istanbul	İstanbul	[istan'bul]
Jeruzalem	Yerusəlim	[ɛrusæ'lim]
Kiev	Kiyev	['kiɛv]
Kopenhagen	Kopenhaqen	[kopɛn'hagɛn]
Kuala Lumpur	Kuala Lumpur	[ku'ala lʲum'pur]
Lissabon	Lissabon	[lissa'bon]
Londen	London	['london]
Los Angeles	Los Anjeles	['los 'anʒɛlɛs]
Lyon	Lion	[li'on]
Madrid	Madrid	[mad'rid]
Marseille	Marsel	[mar'sɛl]
Mexico-Stad	Mexiko	['mɛχiko]
Miami	Mayami	[ma'jami]
Montreal	Monreal	[monrɛ'al]
Moskou	Moskva	[mosk'va]
München	Münhen	['mynhɛn]
Nairobi	Nayrobi	[naj'robi]
Napels	Neapol	[nɛ'apol]
New York	Nyu-York	['nju 'jork]
Nice	Nitsa	['nitsa]
Oslo	Oslo	['oslo]
Ottawa	Ottava	[ot'tava]
Parijs	Paris	[pa'ris]
Peking	Pekin	[pɛ'kin]
Praag	Praqa	['praga]
Rio de Janeiro	Rio-de-Janeyro	['rio dɛ ʒa'nɛjro]
Rome	Roma	['roma]
Seoel	Seul	[sɛ'ul]
Singapore	Sinqapur	[singa'pur]
Sint-Petersburg	Sankt-Peterburq	['sankt pɛtɛr'burh]
Sjanghai	Şanxay	[ʃan'χaj]
Stockholm	Stokholm	[stok'holm]
Sydney	Sidney	['sidnɛj]
Taipei	Taypey	[taj'pɛj]
Tokio	Tokio	['tokio]

Toronto	**Toronto**	[to'ronto]
Venetië	**Venesiya**	[vɛ'nɛsija]
Warschau	**Varşava**	[var'ʃava]
Washington	**Vaşinqton**	[vaʃing'ton]
Wenen	**Vena**	['vɛna]

www.ingramcontent.com/pod-product-compliance
Lightning Source LLC
Chambersburg PA
CBHW070556050426
42450CB00011B/2888